Sylvia Mohn

Das Ludwigsluster Schloss

... informativ & kulinarisch

1. Auflage

©2021 Edition Limosa GmbH
Lüchower Straße 13a, 29459 Clenze
Telefon (0 58 44) 971 16-0, Telefax (0 58 44) 971 16-39
mail@limosa.de, www.limosa.de

Lektorat:
Erik Kinting

Satz und Layout:
sabine abels

Gedruckt in der Europäischen Union

Alle in diesem Buch enthaltenen Angaben, Ergebnisse usw. wurden von den Autoren nach bestem Wissen erstellt und von ihnen sowie dem Verlag mit größtmöglicher Sorgfalt überprüft. Dennoch sind Fehler nicht völlig auszuschließen. Daher erfolgen alle Angaben usw. ohne jegliche Garantie des Verlages oder der Autoren. Wir übernehmen deshalb keinerlei Verantwortung und Haftung für etwa vorhandene inhaltliche Unrichtigkeiten.

Sylvia Mohn

Das Ludwigsluster Schloss

... informativ & kulinarisch

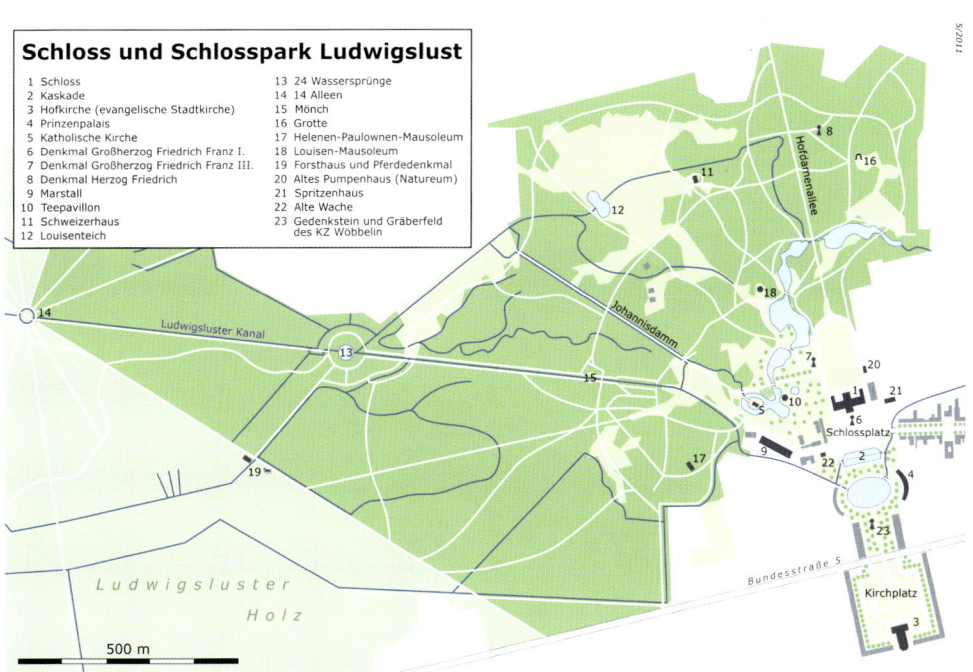

Schloss und Schlosspark Ludwigslust

1 Schloss
2 Kaskade
3 Hofkirche (evangelische Stadtkirche)
4 Prinzenpalais
5 Katholische Kirche
6 Denkmal Großherzog Friedrich Franz I.
7 Denkmal Großherzog Friedrich Franz III.
8 Denkmal Herzog Friedrich
9 Marstall
10 Teepavillon
11 Schweizerhaus
12 Louisenteich

13 24 Wassersprünge
14 14 Alleen
15 Mönch
16 Grotte
17 Helenen-Paulownen-Mausoleum
18 Louisen-Mausoleum
19 Forsthaus und Pferdedenkmal
20 Altes Pumpenhaus (Natureum)
21 Spritzenhaus
22 Alte Wache
23 Gedenkstein und Gräberfeld
   des KZ Wöbbelin

Inhaltsverzeichnis INFORMATIV

Inhaltsverzeichnis KULINARISCH

Warum ein Buch?

Alle Kuchen, Torten und Speisen werden in unserem Cafe selbst hergestellt und zubereitet. Unsere Gäste schätzen dieses sehr und fragen uns oft nach den Rezepten.

Gerade in diesem Moment ist wieder ein Reisebus eingetroffen und keiner hat Zeit ausführliche Informationen zu geben. Auch haben interessierte Besucher Fragen nach der Historie des Barockschlosses und möchten viele Auskünfte über den wunderschönen Schlosspark. Diesen interessierten Touristen möchte ich helfen ein Andenken von ihrem Besuch in Ludwigslust mit zu nehmen. Deshalb habe ich mich entschlossen alles in einem Buch fest zu halten.

»Das Ludwigsluster Schloss ... informativ und kulinarisch«

In diesem Buch finden Sie viele Informationen rund um das Schloss Ludwigslust und zahlreiche wunderschöne Fotos, die einladen einen der größten Landschaftsparks in Mecklenburg zu erkunden. Dazu finden Sie kulinarische Entdeckungen aus der Schlossküche. Es sind meine Lieblingsrezepte, die ich für Sie aufgeschrieben habe. Dieses Buch soll Erinnerungen wecken und gleichzeitig Lust auf einen neuerlichen Besuch nach Ludwigslust machen. Zu jeder Jahreszeit läst sich die Stadt Ludwigslust, das Barockschloss und der imposante Park immer wieder neu entdecken.

Zum Beispiel im Frühling, wenn sich die Annemonen als Blütenteppiche im Park ausbreiten oder der Rhododendron leuchtend blüht. Das Barockfest im Mai, das gewandete Gäste aus Nah und Fern anzieht das höfische Leben zu leben. Auch im Sommer kann man die kühle Luft und die Ruhe unter dem alten Baumbestand genießen. Genauso wie die Farbenpracht der Gehölze im Spätsommer – Indian Summer in Mecklenburg.

Aber auch im Winter wenn in der gewaltigen Stadtkirche das Weihnachtskonzert spielt und im Anschluss die Schlossweihnacht einlädt zu Glühwein und zum bummeln.

Ludwigslust macht Lust auf Leben!

Ich wünsche Ihnen viel Spaß beim Nachkochen, Nachbacken, Lesen und Anschauen.
    Sylvia Mohn

Die Autorin und das Schloss Ludwigslust

Sylvia Mohn ist in Ludwigslust geboren und aufgewachsen. Gelernt hat sie ihren Wunschberuf Schrift- und Grafikmalerin. Mit dem Kauf einer Landgaststätte, dem »Lauske Dörpskraug«, hat sie als mithelfende Ehefrau ihre ersten Erfahrungen in der Gastronomie gesammelt. Ein Dorfkrug wie man sich ihn vorstellt. Ein Mittelpunkt zum Austauschen von Neuigkeiten und viele Anlässe zum Feiern. Nach Jahren, die zwei Kinder waren aus den Kinderschuhen entwachsen, ergab sich die Möglichkeit den Forsthof in Glaisin zu pachten. Ein Landgasthof mit Pension mitten in der »Griesen Gegend« idyllisch gelegen. Sylvia Mohn beschäftigt sich intensiv mit der Mecklenburger Küche. Eine traditionell einfache aber doch geschmackvolle Küche. Sie steht selbst mit am Herd und entwickelt viele neue Rezepte. Dreizehn Jahre lang wurden viele Gäste aus Nah und Fern von ihr und ihrem Forsthof-Team mit Mecklenburger Gastlichkeit bewirtet. Dieser Zeit widmete sie das »Griese Gegend Kochbuch«. Mit Unterstützung vieler Einwohner der Griesen Gegend wurden Geschichten, Erzählungen, alte und neue Rezepte von ihr aufgeschrieben. Umrahmt wurde das Buch mit wundervollen Bildern dieser Heimat.

Nach gemeinsamer Pachtung, zusammen mit ihren Bruder, eröffnete 2005 das Café im Jagdsaal des Ludwigsluster Schlosses. Vier Jahre später übernahm sie dieses komplett und ihre Tochter war vor Ort tätig. Ab 2012 arbeitete Sylvia Mohn persönlich vor Ort in herzoglicher Atmosphäre. Jetzt sollte das Ludwigsluster Schloss-Café im Jagdsaal des Schlosses zu Ludwigslust ihr Lebensinhalt werden. Viele Kindheitserinnerungen wurden geweckt, zum Beispiel die gemeinsamen Spaziergänge mit der Familie durch den herrlichen Landschaftspark. Niemals hätte sie davon geträumt, hier im Barockschloss zu arbeiten. Wo andere sich erholen und kulturell weiterbilden, darf sie die Gäste mit Köstlichkeiten aus der Schlossküche verwöhnen. Regionale Zutaten spielen dabei natürlich eine große Rolle.

Über die Jahre ist eine enge Verbindung zu den heimischen Lieferanten gewachsen. Große Unterstützung erhält sie dabei von ihrer Tochter Beatrice Kruse. Diese kümmert sich intensiv um den Servicebereich, Socialmedia und den Einkauf. Zusammen mit ihrem Team gehen Sie auf die Wünsche und Bedürfnisse ihrer Gäste ein.

»Mecklenburger Gastlichkeit erleben«, das ist unser Leitspruch.

Suppen ...

Die Blütezeit der Suppe ist im Barock.

Der bekannte Gastrosoph Grimod de la Reynière plädierte
für die Suppe mit dem Ausspruch:
»Die Suppe ist in einem Diner,
was das Portal oder der Eingang in einem Gebäude,
was so viel sagen will, dass sie ahnen lässt, was noch folgt,
ungefähr wie die Ouvertüre einer Oper.«

... im Frühling

Möhrencremesuppe
mit Ziegenfrischkäse

ZUTATEN

1 kg Möhren
1 Gemüsezwiebel
Olivenöl
1 l Gemüsebrühe
Salz, Pfeffer
Italienischen Kräutern

200 g Ziegenfrischkäse
Schnittlauchröllchen

ZUBEREITUNG

putzen und in Stücke schneiden.

pellen und grob würfeln, alles in den Topf geben und in

kurz anrösten. Mit

aufgießen und gar kochen lassen. Mit

und

nach Geschmack würzen. Dann alles gut

pürieren. Vor dem Servieren mit

verfeinern und mit

krönen.

Buttermilchsuppe

ZUTATEN

500 g Kartoffeln (mehlig kochend)
1 Lorbeerblatt, 3 Pimentkörner

1 l Buttermilch
2 EL Kartoffelmehl

100 ml Saure Sahne
Salz, Pfeffer, Muskat und Zucker
100 g Mettwurst
Frühlingszwiebeln

ZUBEREITUNG

schälen, waschen und mit
in Salzwasser gar kochen.
Nach dem Garen die Kartoffeln abgießen.
mit
verrühren, über die Kartoffeln geben und
unter ständigen rühren erhitzen.
zum verfeinern dazu geben. Mit
nach Geschmack würzen.
erst in Scheiben und dann in Streifen schneiden.
putzen und in feine Ringe schneiden.
Vor dem Servieren beides auf der Suppe verteilen.

Kohlrabisuppe

ZUTATEN	**ZUBEREITUNG**
800 g Kohlrabi	schälen,
1 Zwiebel	pellen, alles in grobe Stücke schneiden und in
1 l Gemüsebrühe	gar kochen. Mit
Salz, Pfeffer	und
etwas Zucker	nach Geschmack würzen. Dann alles gut pürieren. Mit
200 ml Sahne	verfeinern und mit
frischer Gartenkresse	krönen.

Spargelcremesuppe

ZUTATEN	ZUBEREITUNG
1 kg Spargel	schälen und in Stücke schneiden, in einen Topf geben und mit Wasser bedecken. Mit
1 TL Salz	
1 TL Zucker	und
1 TL Zitrone	aufkochen und nochmals abschmecken. Spargel gar ziehen lassen. Den Spargel dann aus dem Sud nehmen und beiseite stellen. Den Spargelsud aufheben.
100 g Butter	im Topf schmelzen,
4 EL Mehl	einrühren und eine Mehlschwitze zubereiten, mit dem Spargelwasser auffüllen und aufkochen lassen,
200 ml Sahne	unterrühren, mit
frisch geriebener Muskat	abschmecken.
2 Eigelb	mit etwas kaltem Wasser verrühren und dann in die nicht mehr kochende Suppe einrühren. Die Spargelstücke in die Suppe geben und heiß servieren. Mit gehackter
Petersilie	krönen.

Die Spargelsuppe lässt sich
mit Streifen vom geräucherten Lachs
oder Landschinken verfeinern.

Frühlings-Gemüsesuppe

ZUTATEN	ZUBEREITUNG
500 g Möhren	und
1 halbe Sellerieknolle	putzen, in Würfel schneiden und in einen großen Topf mit gesalzenem Wasser ca. 20 min bissfest kochen. In der Zwischenzeit
1 kleinen Kopf Chinakohl	in feine Streifen und
1 Stange Porree	in Ringe schneiden.
1 Broccoli	putzen und in kleine Röschen portionieren. Das vorbereitete Gemüse nach und nach dazugeben. Dazu kommen noch
500 g Erbsen (oder Tiefkühlerbsen)	Alles zusammen kurz aufkochen, es soll noch »Biss« haben. Mit
Salz, Pfeffer und Majoran	nach Geschmack würzen. Heiß servieren und mit frischer
Petersilie	krönen. Dazu frisches Baguette servieren.

Tipp:

Frühlings-Gemüsesuppe
mit Hackbällchen

ZUTATEN	ZUBEREITUNG
500 g gemischtes Hackfleisch	mit
Salz, Pfeffer	und
frisch geriebener Muskat	würzig abschmecken und gut vermengen. Anschließend kleine Bällchen formen und in Salzwasser gar ziehen lassen. Wenn die Bällchen oben schwimmen, sind sie fertig. Aus dem Topf heben und in die Frühlings-Gemüsesuppe geben.

Schloss Ludwigslust – das Klein-Versailles des Nordens

Das Schloss Ludwigslust wurde von Herzog Friedrich von Mecklenburg-Schwerin zwischen 1772 bis 1776 nach Plänen des Hofmeisters Johann Joachim Busch erbaut und bildet den Mittelpunkt einer spätbarocken Stadtanlage. Das Ensemble von Schloss, Park und Stadtanlage ist einmalig in Norddeutschland.

Auch unter Großherzog Friedrich Franz I. blieb Ludwigslust neben Schwerin Residenz. Erst Großherzog Paul Friedrich verlegte im Jahre 1837 die Hofhaltung nach Schwerin zurück.

Das Schloss Ludwigslust gehörte seit 1986 zum staatlichen Museum Schwerin, seit 2018 zu den staatlichen Schlössern, Gärten und Kunstsammlungen MV und wird seitdem schrittweise für Besucher museal erschlossen. Von der ursprünglichen Einrichtung haben sich unter anderem Kamine, Spiegel, Supraorten, Parkettfußböden und Kronleuchter sowie Ornamente und Dekorationen aus Ludwigsluster Carton (Papiermaché) erhalten. Nach umfangreichen Sanierungsarbeiten an der Gebäudehülle (2004–2006) begannen ab 2010/2011 unter der Trägerschaft des Betriebes für Bau und Liegenschaften M-V umfassende Restaurierungsmaßnahmen erster Innenräume im ersten und zweiten Obergeschoss des Ostflügels, was Ende 2015 erfolgreich abgeschlossen werden konnten.

Mit der Eröffnung von achtzehn neuen Räumen am 6. März 2016 werden herausragende Kunstwerke aller Gattungen an dem Ort präsentiert, mit dem sie durch die beiden Regenten Friedrich und Friedrich Franz I. verbunden sind. Auf ca. 2000 Quadratmetern kann der Besucher Kunst höchsten Ranges erleben: die

Menagerie Jean-Baptiste Oudrys, Uhren, Meissner Porzellan, Silber- und Kunstkammerobjekte, Büsten Jean-Antoine Houdons, Architekturmodelle aus Kork, Elfenbeinarbeiten und eine komplett rekonstruierte Gemäldegalerie mit Werken der Hofmaler Matthieu, Findorff, Suhrlandt und Lisiewsky.

Nach der umfangreichen Restaurierung des Ostflügels hat man ab 2018 begonnen, die Räume des Westflügels zu restaurieren. Neben Räumen im Erdgeschoss und der Wohnung der Großherzogin im ersten Obergeschoss wird es vor allem die erbgroßherzogliche Wohnung im zweiten Obergeschoss sein, die den Besucher zukünftig in ihren Bann ziehen wird. Eine hochwertige Mahagoniausstattung, textile Wandbespannungen aus gelben, roten, blauen und grünen Seiden, Vorhänge, raumhohe Wandspiegel sowie Möbel aus der herzoglichen Möbel- und Bronzefabrik werden die restaurierten Räume vervollständigen. Man darf gespannt sein auf prunkvolle Gemächer, Ausstellungsschwerpunkte wie die dynamischen Verbindungen Mecklenburg-Schwerins oder die Residenzgeschichte mit ihrer einmaligen Papiermachè-Manufaktur.

Peter Krohn, Leiter Schloss Ludwigslust

... im Sommer

Geeiste Paprikasuppe

ZUTATEN	ZUBEREITUNG
1 kg Rote Paprika	waschen, putzen und das Kerngehäuse entfernen. Die Schoten vierteln und mit kochendem Wasser übergießen. Einige Minuten ziehen lassen und dann mit kaltem Wasser abschrecken. Nun lässt sich die Haut gut abziehen.
200 g Schalotten	und
1 Knoblauchzehe	pellen, fein würfeln und in etwas
Olivenöl	anschwitzen. Die gehäuteten Paprikastücke dazugeben und mit
1 l Gemüsebrühe	auffüllen und aufkochen. Mit
Salz, Pfeffer und Zucker	nach Geschmack würzen. Dazu kommt noch
1 EL Zitronensaft	Nach dem Aufkochen alles gut pürieren und über Nacht kaltstellen. Vor dem Servieren nochmals gut durchrühren. Und mit
Schnittlauchröllchen	krönen.

Dazu frisches
Baguette reichen!

Tomatencremesuppe

für 10 Personen

ZUTATEN	ZUBEREITUNG
1 kg reife Tomaten	mit kochendem Wasser übergießen. Einige Minuten ziehen lassen und dann mit kaltem Wasser abschrecken. Jetzt die Haut abziehen, die Kerne entfernen.
1 Gemüsezwiebel	pellen und würfeln, dann in
Olivenöl	anschwitzen. Die Tomatenstücke dazugeben und mit
2 l Gemüsebrühe	auffüllen. Dazu kommt noch
1 l Tomatenpüree	Gewürzt wird alles mit
Salz, Pfeffer	und
getrocknetes Basilikum	nach Geschmack.
1 TL Zucker	verfeinert die Suppe.
	Zum Schluss gut pürieren und heiß servieren. Mit getrocknetem und
frischem Basilikum	garnieren.

Käse-Lauch-Cremesuppe

für 12 Personen

ZUTATEN	ZUBEREITUNG
1 kg gemischtes Hackfleisch	in einer Pfanne mit etwas
Rapsöl	scharf anbraten und dabei schön krümelig rühren.
4 kleine Zwiebeln	pellen und würfeln,
400 g Champignons	putzen und in Scheiben schneiden. Zwiebeln und Champignons mit etwas
Sonnenblumenöl	in einem großen Topf andünsten. Mit
2 l Gemüsebrühe	aufgießen und zum Kochen bringen. Das angebratene Hackfleisch dazu geben. Jetzt
4 Stangen Porree	putzen und in feine Ringe schneiden, mit
200 g Kräuterschmelzkäse	und
200 g Sahneschmelzkäse	zur Suppe geben und gut verrühren. Zum Schluss noch mit
200 ml Sahne	verfeiern und mit
Salz und Pfeffer	nach Geschmack würzen. Vor dem Servieren mit
Petersilie	krönen.

Grüne Erbsencremesuppe mit Kokos

ZUTATEN	ZUBEREITUNG
1 kg Grüne Erbsen, gefroren	in
1 l Gemüsebrühe	kurz aufkochen, damit die schöne grüne Farbe erhalten bleibt.
1 Dose Kokosmilch	dazugeben und unterrühren. Mit
Salz, Pfeffer, Majoran	nach Geschmack würzen und dann gut pürieren.
Blattpetersilie	grob zupfen und die Suppe damit krönen.

Kalte Sommersuppe

für 10 Personen

ZUTATEN	ZUBEREITUNG
8 große fest kochende Kartoffeln	waschen und garkochen.
4 Eier	»hart« kochen lassen.
	Nach dem Abkühlen beides pellen und in sehr kleine Würfel schneiden. Alles in einem Topf geben und mit
2 l Gemüsebrühe	aufgießen. Dazu kommen:
1 Bund Radieschen	geputzt und fein geschnitten,
1 Grüne Gurke	waschen, schälen und fein raspeln.
1 Bund Schnittlauch	und
einige Zweige vom frischen Dill	waschen und klein schneiden,
2 Becher Sahne (200 g)	und
1 Becher Saure Sahne (200 g)	dazugeben. Das Ganze mit
2 EL Essig	und
Salz und Pfeffer	nach Geschmack würzen und über Nacht kalt stellen.
	Vor dem Servieren noch mal kräftig durchrühren und mit fein geschnittenen
Frühlingszwiebeln	krönen.

... im Herbst

Pfifferling-Rahmsuppe

ZUTATEN	ZUBEREITUNG
500 g kleine Pfifferlinge	säubern und
3 Schalotten	pellen und klein würfeln.
50 g Butter	in einem Topf erhitzen und das Gemüse gut anbraten. Mit
2 EL Mehl	bestäuben und mit
1 l Gemüsebrühe	ablöschen. Nach Geschmack mit
Salz und Pfeffer	würzen und alles gut durchkochen. Mit
200 ml Schlagsahne	verfeiern. Vor dem Servieren mit
Petersilie	krönen.

Gelbe Erbsensuppe

für 12 Personen

ZUTATEN

1 kg geschälte gelbe Erbsen

1 kg Möhre
1 große Gemüsezwiebel
2 Stangen Porree
1 kleine Sellerieknolle

Salz und Pfeffer
Majoran

ZUBEREITUNG

in einen großen Topf geben und mit reichlich Wasser auffüllen. Drei Stunden weichen lassen. In der Zwischenzeit

und

putzen und in kleine Stücke schneiden.

Die Erbsen zum Kochen bringen. Nach Bedarf noch mit Wasser auffüllen. Das Gemüse dazugeben und kräftig mit

würzen. Alles gut gar kochen und zum Schluss noch mit

abschmecken.

Wer es herzhaft möchte, setzt das Ganze mit Kasseler an.
Dazu ein Kilo Kasselerkamm mit einer großen Zwiebel gar kochen.
Das Fleisch dann herausheben, abkühlen lassen und in kleine Stücke schneiden.
In der Brühe die Erbsen und das Gemüse abkochen.
Zum Schluss die Kasselerstücke dazugeben.

Der Jagdsaal

Im Ludwigsluster Barockschloss durfte auch ein einladender Gartensaal nicht fehlen. Dieser liegt in der Mitte des Erdgeschosses. Der Hofbaumeister Johann Joachim Busch gestaltete ihn mit großen Fenstern und einer verglasten großen Tür. Das ermöglichte einen Blick in den wunderschönen Schlosspark. Diese bewusste Verbindung von Architektur und Gartenkunst macht den ganzen Reiz des Gartensaales aus. Hier fanden zur damaligen Zeit Musikabende und im Winter auch Gottesdienste statt.

Erst 1878 wurde der Saal zur Jagdhalle umgestaltet. Die mit Stuck verzierte Holzdecke, braune Wandpaneele und vor allem eine überwältigende Fülle an Jagdtrophäen charakterisiert ihn als Jagdsaal. Viele Hirschköpfe sind aus Papiermaché gefertigt, die Geweihe hingegen sind echt.

Meist dokumentiert eine kleine Inschrift, wer das Tier wo erlegt hat. Ein Zeugnis aus vergangen Tagen ist der um 1830 hergestellte Geweihkronleuchter. Damals noch mit Kerzen ausgestattet ist er heute elektrifiziert. 2009 wurde der Leuchter umfangreich restauriert und hat wieder seinen Platz an der dekorreichen Decke bekommen.

In den Zwanzigerjahren diente der Jagdsaal vor allem der Geselligkeit und war mit großen Spieltischen ausgestattet. Zu DDR-Zeiten wurde dieser Raum als Speisessaal für Schulkinder und Kantine für die Mitarbeiter im Schloss genutzt. Verschiedene Festlichkeiten und auch abendliche Jugendveranstaltungen fanden hier statt.
Heute lädt der prunkvolle Jagdsaal ein zum Verweilen und Genießen im jetzigen Schlosscafé.

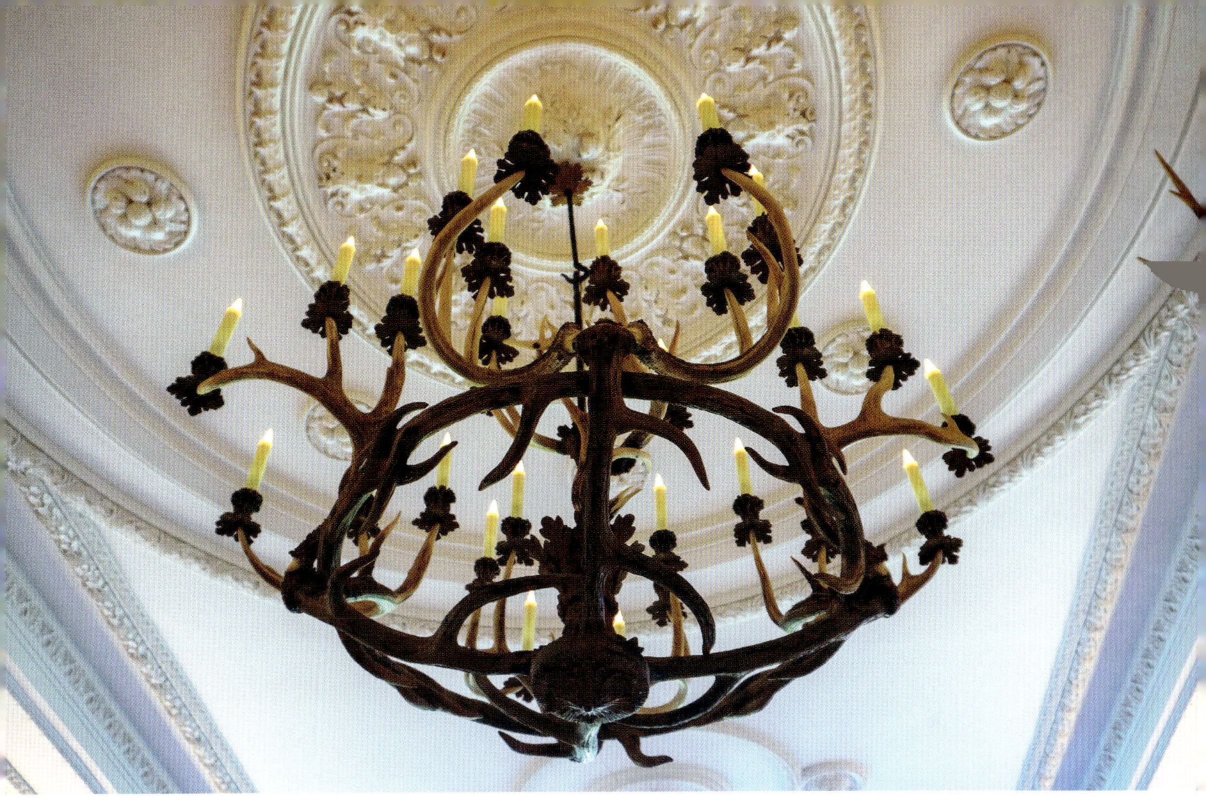

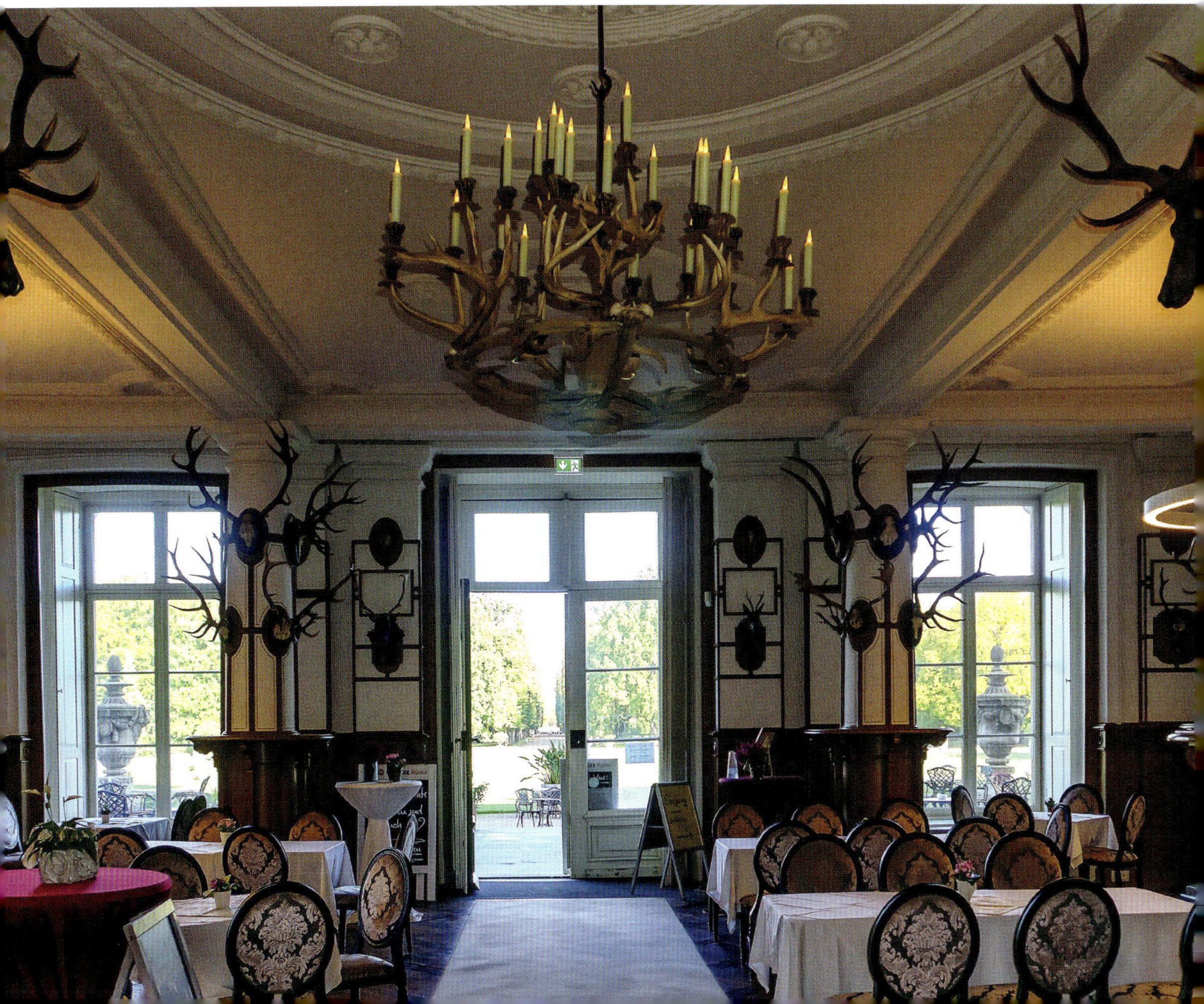

Kürbiscremesuppe

für 12 Personen

ZUTATEN

1 Hokkaido Kürbis
1 kg Möhren
1 große Gemüsezwiebel
Rapsöl
2 Knoblauchzehen
Ingwer
2 l Gemüsebrühe
Salz und Pfeffer
Zimt, Kardamon, Chili.
Kürbiskernöl
Blattpetersilie

ZUBEREITUNG

und
putzen und in grobe Stucke schneiden.
pellen und in Würfel schneiden.
in einem Topf erhitzen und das Gemüse kurz und kräftig anschwitzen.
und
nach Geschmack dazu geben. Mit
aufgießen und alles gut gar kochen. Mit
abwürzen. Nach dem Garen alles gut durch pürieren und noch mal mit etwas
würzen. Heiß servieren mit
und mit grob gezupfter
krönen.

Zucchinicremesuppe

ZUTATEN

5 kleine Zucchini
1 große Gemüsezwiebel
Olivenöl
1 l Gemüsebrühe
Salz, Pfeffer
Knoblauch
200 ml Sahne
Olivenkraut

ZUBEREITUNG

waschen und in Scheiben schneiden.
pellen und in grobe Stücke zerteilen. Beides in
kurz anbraten und mit
ablöschen und garkochen. Mit
und
nach Geschmack würzen. Nach dem Garen alles gut durch pürieren und mit
verfeiern. Vor dem Servieren mit
garnieren.

Pastinaken-Kartoffelsuppe
mit Pumpernickelstreusel

für 12 Personen

ZUTATEN

1 kg Pastinaken
1 kg mehlige Kartoffeln
1 große Gemüsezwiebel
Rapsöl
2 l Gemüsebrühe
Salz, Pfeffer, Majoran, Muskat

ZUBEREITUNG

und
schälen, pellen und grob würfeln.
in einen Topf geben und alles kurz anschwitzen. Mit
aufgießen und gar kochen. Mit
nach Geschmack würzen.
Zum Schluss gut pürieren und mit Pumpernickelstreusel bestreut servieren.

Pumpernickelstreusel

ZUTATEN

2 Scheiben Pumpernickel
etwas Olivenöl
50 g Walnüsse
½ Bund Schnittlauch
Salz, Pfeffer

ZUBEREITUNG

klein bröseln und mit
in einer Pfanne vorsichtig rösten.
hacken und ein
in Röllchen schneiden, beides unterrühren.
nach Geschmack würzen, abkühlen lassen.

... im Winter

Steckrübensüppchen

ZUTATEN

500 g Steckrüben
200 g mehlige Kartoffeln
3 Möhren
1 Zwiebel
Sonnenblumenöl
1 l Gemüsebrühe
Salz, Pfeffer, Majoran
Muskat
4 Baconscheiben

frisch gezupfter Blattpetersilie

ZUBEREITUNG

und

schälen und in Stücke schneiden.

pellen, würfeln und mit etwas

in einem Topf anschwitzen. Das Gemüse dazugeben und mit

auffüllen und gar kochen. Mit

und

nach Geschmack würzen. Zum Schluss alles gut pürieren.

in Stücke schneiden, auf Backpapier verteilen und im Backofen bei 200 °C Grad knusprig backen.

Die Suppe in Schälchen füllen, den Knusperbacon darauf verteilen. Mit

krönen.

Cremige Grünkohlsuppe
mit Kasselerstreifen

für 12 Personen

ZUTATEN	ZUBEREITUNG
800 g Kasselerlachs	im Stück in einem Topf eine halbe Stunde kochen lassen.
1 kg Grünkohl	putzen und grob zerschneiden,
1 mittelgroße Zwiebel	pellen, in Würfel schneiden und
500 g mehlige Kartoffeln	schälen und auch klein schneiden.
	Das Stück Lachs aus dem Topf nehmen und kalt stellen. Den Grünkohl, die Zwiebeln und die Kartoffeln im Sud eine halbe Stunde kochen (eventuell mit Brühe auffüllen). Mit
Salz und Pfeffer	nach Geschmack würzen. Dann alles gut pürieren und mit
200 ml Sahne	verfeinern.
	Den Kasselerlachs in feine Streifen schneiden und auf die heiße Suppe verteilen. Mit Grünkohlpesto (siehe Seite 56) die Suppe krönen.

Schloss Ludwigslust auch auf Briefmarken

Das Ludwigsluster Schloss hat es zweimal auf eine Briefmarke geschafft.
In DDR Zeiten, genau 1986, ist eine Marke zum Wert von 1,- Mark erschienen. Jahre später 2015 erschien eine Sonderpostwertzeichen-Serie zum Thema »Burgen und Schlösser«.
Das Schloss von Ludwigslust gibt es im Wert von 0,80 Cent. Am 02. Januar 2015 gab es die Erstausgabe im Foyer des Schlosses.
Unter der Sonderpostwertzeichen-Serie »Schätze aus deutschen Museen« kam zum Tag des Pfefferfressers, Jungfern- und Haubenkranichs das gleichnamige Gemälde des französischen Hofmaler und Tierportraitisten Jean-Baptiste Oudry (1686 – 1755) auf eine Briefmarke. Das Ersttagsblatt ist im Januar 2017 erschienen.
Die Werke des französischen Künstlers Jean-Baptiste Oudry kann man im Museum im Schloss entdecken. Exotische Tierdarstellungen und bewegte Jagdszenen ziehen einen in den Bann und widerspiegeln die Repräsentationslust und Jagdleidenschaft des Herzogs Christian II. Ludwig.
Auch als Postkarten kann man sie im Museumsshop erwerben.

Sellerie-Cremesuppe mit geräucherter Forelle

ZUTATEN

1 Sellerieknolle, ca. 400 g
500 g mehlige Kartoffeln
3 Schalotten
1 Knoblauchzehe
1 EL Butterschmalz
700 ml Gemüsebrühe
200 ml Sahne
Salz, Pfeffer und Muskat
Frische Kräuter
Eine geräucherte Forelle

ZUBEREITUNG

und
schälen und würfeln.
und
pellen und fein würfeln, dann in einem Topf mit
glasig anschwitzen. Das Gemüse dazugeben und mit anschwitzen.
dazugießen und ca. 20 Minuten köcheln lassen.
unterrühren. Mit
nach Geschmack würzen. Die Suppe fein pürieren.
hacken und zum Schluss unterheben.
filetieren und vor dem Servieren auf die Suppe geben und mit
Petersilienpesto (siehe Seite 56) krönen.

Soljanka nach Art des Hauses

für mindestens 12 Personen

ZUTATEN

200 g Jagdwurst
200 g Schinkenwurst
200 g Mettwurst
200 g Bratenfleisch
Rapsöl
1 große Gemüsezwiebel
1 mittelgroßes Glas Gewürzgurken
2 l Fleischbrühe
200 ml Ketchup
2 Gläser Spreewälder Letscho
Paprika und Zucker

Sahnehäubchen

ZUBEREITUNG

und
in feine Streifen schneiden. Etwas
im Topf erhitzen und die Streifen darin kräftig anbraten.
pellen, in Ringe schneiden und dazugeben.
auf ein Sieb geben und das Wasser auffangen. Mit dem Gurkenwasser und
ablöschen. Die Gewürzgurken klein würfeln und in den Topf geben.
und
zur Suppe geben und alles gut durchkochen. Mit
nach Geschmack würzen.
Die Soljanka schmeckt am Besten, wenn sie zweimal aufgekocht wird.
Mit einem
servieren.

Dazu frisches Baguette reichen.

Steckrübeneintopf
mit gepökelter Gänsekeule

ZUTATEN	ZUBEREITUNG
1 Steckrübe, ca. 700 g	schälen und in fingerdicke Streifen schneiden.
50 g Gänseschmalz	in einem großen Topf erhitzen.
400–500 g gepökelte Gänsekeulen	halbieren und darin anbraten.
2 Zwiebeln	pellen, würfeln und dazugeben. Das Ganze mit
1 l Fleischbrühe	auffüllen und gut verrühren.
300 g Kartoffeln	schälen, würfeln und zusammen mit der Steckrübe in den Topf geben, ca. 1 Stunde kochen lassen. Mit
Salz, Pfeffer	und
Majoran	nochmals abschmecken.
	Vor dem Servieren die Gänsekeulen entbeinen, grob zerteilen und zurück in die Suppe geben, mit frisch gehackter
Petersilie	krönen.

Salate ...

Frisch und knackig

Auch zur Barockzeit wurden verschiedenste Salate zubereitet.
Frisch geerntet aus dem höfischen Garten, auf kürzestem Weg
und in Bio-Qualität. Exotische Zitrusfrüchte hingegen wurden
in herrlichen Gebäuden für Pflanzen, den Orangerien, gezüchtet.

Bunter Bohnensalat

ZUTATEN	ZUBEREITUNG
1 Glas grüne Bohnen	auf einem Sieb abtropfen lassen. Das Bohnenwasser aufheben und die Bohnen in Stücke schneiden.
1 Glas dicke Bohnen	auch auf ein Sieb abtropfen lassen.
1 kl. Dose rote Bohnen	auf ein Sieb schütten, kalt abspülen und abtropfen lassen. Alle Bohnen in eine Schale geben.
2 rote Zwiebeln	pellen, in Ringe schneiden und zu den Bohnen geben. Das Bohnenwasser aufkochen und mit
Salz, Pfeffer, Zucker	und
Essig	kräftig abschmecken.
2 EL Sonnenblumenöl	dazugeben, umrühren und über das Gemüse gießen. Den Salat über Nacht ziehen lassen. Dann
200 g Kirschtomaten	waschen, halbieren und zusammen mit
frisch gezupfter Blattpetersilie	unterheben.

Auch Schafskäsewürfel
passen dazu.

Pastinaken-Rohkostsalat

ZUTATEN	ZUBEREITUNG
300 g Pastinaken	und
2 Möhren	schälen und raspeln.
1 säuerlicher Apfel	vierteln, entkernen und grob raspeln.
Saft einer halben Orangen	mit
2 EL Rapsöl	verrühren. Mit
grob gezupfter Blattpetersilie	zusammenrühren und servieren. Vor dem Servieren mit grob gehackten
Walnüssen	bestreuen.

Der Salat schmeckt
köstlich zu Wildragout.

Geflügelsalat

ZUTATEN	ZUBEREITUNG
500 g Hähnchenbrust	in
1 l Gemüsebrühe	gar kochen. Das Hühnerfleisch gut abkühlen lassen. Dann alles klein würfeln und in eine Schale geben. Dazu wird
1 kleine Zwiebel	gepellt und in kleine Würfel geschnitten.
1 kleine Dose Mandarinen	auf ein Sieb geben und abtropfen lassen. Das Wasser aufheben und die Segmente etwas klein schneiden.
2 Ananasringe	aus der Dose abtropfen lassen und auch klein schneiden. Die Früchte zu den Hähnchen und Zwiebelwürfeln geben.
2–3 EL Mayonnaise	mit etwas Mandarinenwasser und
2 EL süße Sahne	verrühren. Mit
Salz und Pfeffer	abschmecken und über den Salat geben. Alles vorsichtig vermengen und für ca. zwei Stunden zum Durchziehen kalt stellen.

Eine pikante Variation wäre, den Salat mit klein geschnittenem Staudensellerie zu verfeinern und mit Curry zu würzen.

Weißkohlsalat – ganz einfach

ZUTATEN	ZUBEREITUNG
1 Weißkohl	putzen und ganz fein raspeln.
1 EL Salz	
2 EL Zucker	
2 EL Essig	
4 EL Sonnenblumenöl	und
200 ml Mineralsprudel	zu dem Kohl geben und alles gut vermengen.
Frisch gehackte Petersilie	unterheben. Den Salat einen Tag durchziehen lassen.

Der Krautsalat schmeckt besonders
köstlich vom jungen Weißkohl.

Das Ludwigsluster Schloss-Café

Nach einem informativen Rundgang durch das Museum im Ludwigsluster Schloss findet man kulinarische Genüsse im Jagdsaal oder auf unserer Terrasse mit Blick in den Schlossgarten. Hier kann man bei uns bei aromatischem Kaffee von Darboven oder Eilles-Tee-Qualität mit königlichen Aromen die herzogliche Atmosphäre genießen. Unsere hausgemachten Torten und Kuchen aus einheimischen Produkten versüßen Ihren Aufenthalt. Aus regionalen Zutaten, wie zum Beispiel dem heimischen Sanddorn, werden die verschiedensten Köstlichkeiten zubereitet. Ob als Eisbecher, Eistorte oder Cocktail.

Kleine Speisen für den kleinen Hunger, zum Beispiel verschiedene schmackhafte Suppen, werden hier im täglichen Geschäft angeboten. Auch zum »Herzoglichen Frühstück« sind Sie bei uns herzlich willkommen. Nach vorheriger Anmeldung werden Sie bei uns am Tisch verwöhnt, mit allem was zu einem herzoglichen Frühstück gehört. In den Wintermonaten ist unser Café auch ganz privat für Sie da. Sie können bei uns feiern und wir bekochen Sie mit den verschiedensten Köstlichkeiten.

Wir, das Schloss-Café Team, freuen uns auf Ihren Besuch und begrüßen Sie mit »Mecklenburger Gastlichkeit«.

Kartoffelsalat

ZUTATEN	ZUBEREITUNG
1 kg Kartoffeln (festkochend)	waschen und gar kochen. Die Pellkartoffeln etwas abkühlen lassen, dann werden sie gepellt und in Scheiben geschnitten.
4 Eier	hart kochen, pellen und in Würfel schneiden.
1 Gemüsezwiebel	pellen und auch in kleine Würfel schneiden.
5 Gewürzgurken	ebenfalls klein würfeln. Alles zu den Kartoffelscheiben geben.
200 g Mayonnaise	mit
100 ml Gurkenwasser	und
100 ml Sahne	gut verrühren. Mit
Salz, Pfeffer	und etwas
Zucker	abschmecken. Dann über die Kartoffeln geben und gut unterheben. Das Ganze kaltstellen und ca. zwei Stunden durchziehen lassen.

Eine Ludwigsluster Bockwurst mit Senf oder
in Butter gebratene Spiegeleier dazu servieren.

Spargelsalat mit Erdbeeren

ZUTATEN	ZUBEREITUNG
500 g weißer Spargel	schälen und in Salzwasser bissfest garen.
	Anschließend den Spargel herausnehmen und abkühlen lassen.
500 g grünen Spargel	putzen, nur an den Enden schälen und kurz blanchieren. Danach im Eiswasser abkühlen, damit der Spargel die schöne grüne Farbe behält.
	Den Spargel in ca. 4 cm lange Stücke schneiden und in eine Schale geben.
6 EL Olivenöl	
1 EL weißer Balsamico	
1 TL Zucker	und
1 Prise Salz	gut verrühren und über den Spargel geben.
200 g Erdbeeren	säubern, vierteln und auf dem Salat verteilen. Mit buntem Pfeffer aus der Pfeffermühle würzen und alles vorsichtig vermengen.
Blattpetersilie	waschen und zupfen. Den Salat vor dem Servieren damit krönen.

Ludwigsluster Carton

Alles aus Pappe? Nein, Papiermaché heißt das Zauberwort: »Mehr Schein als sein.«

Der knappen Finanzlage des Herzogs Friedrich zu Mecklenburg haben wir es zu verdanken, dass Dekorationen, Gebrauchs- und Kunstgegenstände aus Papiermaché in einem zeitaufwendigen Verfahren angefertigt wurden. Der Herzog war beeindruckt von der Pracht, die sich mit geringen Mitteln effektvoll in Szene setzen ließ.

Aus alten Steuerakten der herzoglichen Schreib- und Steuerstuben wurde in der Ludwigsluster Carton-Fabrique, dem heutigen Rathaus, nach original streng geheimer Rezeptur das Ludwigsluster Carton produziert. Über Angebotslisten, die unter anderen im »Journal des Luxus und der Moden« erschienen, konnten diese Erzeugnisse erworben werden. Anfang des 19. Jahrhunderts ging die Nachfrage zurück und die Produktion wurde eingestellt.

Im Schloss Ludwigslust kann man sie heute noch entdecken unter anderen als Stuckwerk, Bilderrahmen und Prunkvasen.

Kleine Speisen ...

Kleine Speisen regen den Appetit an und sind eine Stärkung für zwischendurch.

Zum Beispiel das beliebte Ragout. Das Wort »Ragout« kommt
aus dem Französischen und bedeutet soviel wie
»den Gaumen reizen« oder »Appetit machen auf folgende Genüsse«.
Zu verdanken haben wir es den Kochkünsten der Barockzeit.
Da Ragouts aus weich gekochten Fleischwürfel bestehen,
waren sie gut zu essen, denn wegen mangelnder Zahnpflege
waren die Zähne schon in jungen Jahren verloren.

Ziegenkäse
im Speckmantel auf Ruccola mit Tomatenmarmelade

ZUTATEN	ZUBEREITUNG
1 Bund Ruccola	waschen, trocknen und auf vier Tellern verteilen.
2 Christbirnen	schälen, entkernen und in feine Scheiben schneiden, dann auf dem Ruccola anrichten.
4 Ziegenkäse im Speckmantel	auf ein Blech legen und im Backofen bei 160 °C Grad knusprig backen. Den fertigen Käse auf den Salat setzen. Die
Tomatenmarmelade	aufrühren und über Salat und Käse verteilen.
Pinienkerne oder Nüsse	kurz in einer Pfanne anrösten und auf die Teller streuen.
Parmesan	darüber hobeln.

Tomatenmarmelade

ZUTATEN	ZUBEREITUNG
1 kg vollreife Tomaten	mit kochendem Wasser überbrühen und die Haut abziehen. Den Strunk und die Kerne entfernen, dann alles klein würfeln.
500 g Gelierzucker 2:1	zu den Tomaten in einem Topf geben.
Saft einer halben Zitrone	sowie den Zucker unterrühren und auf kleiner Stufe zum Kochen bringen. Würzen nach Geschmack mit
Vanillezucker	
Chili	
Ingwer	und
2 EL Tomantenmark	Dann eine Gelierprobe machen, alles in Gläser abfüllen und erkalten lassen.

Omelett-Variationen

Für je ein Omelett:

ZUTATEN	ZUBEREITUNG
2 Eier	mit
Salz	und
Pfeffer	würzen und gut verquirlen. Etwas
Sonnenblumenöl	in eine Pfanne geben und erhitzen.
	Aus der Eiermasse einen Pfannkuchen ausbacken und wahlweise füllen. Dabei die Masse auf eine Seite des Omeletts füllen, die andere Seite überklappen und auf einen Teller gleiten lassen.

Omelett gefüllt mit Spargel in holländischer Soße

ZUTATEN	ZUBEREITUNG
1 kg weißer Spargel	schälen und in Stücke schneiden.
Salz	
Zucker	
Zitrone	und
1 TL Butter	in Wasser aufkochen und nochmals abschmecken. Den Spargel dazugeben und gar ziehen lassen. Die Stücke dann aus dem Sud heben und beiseite stellen. Das Spargelwasser aufheben.
	Für die Soße
100 g Butter	in einem Topf schmelzen und
3 EL Mehl	einrühren und mit Spargelwasser ablöschen. Das Ganze noch einmal aufkochen. Mit
2 EL Sahne	verfeiern. Mit
frisch geriebenem Muskat	würzen.
1 Eigelb	zum Legieren der Soße. Dann die Spargelstücke in die Soße geben und das Omelett mit
	damit füllen. Zum Schluss mit
Schnittlauchröllchen	krönen.

Omelett gefüllt mit Sahnechampignons

ZUTATEN	ZUBEREITUNG
1 kg weiße Champignons	säubern und in Scheiben schneiden.
2 mittelgroße Zwiebeln	pellen und fein würfeln, mit
50 g Butter	in einer Pfanne anschwitzen und dann die Champignons zugeben und mit
Salz und Pfeffer	würzen.
200 ml Sahne	einrühren und mit
50 g Mehlbutter	binden und das Omelett damit füllen. Mit
Blattpetersilie	krönen.

Omelett gefüllt mit buntem Herbstgemüse

ZUTATEN	ZUBEREITUNG
1 kleiner Hokkaido Kürbis	putzen, in kleine Stücke schneiden und kurz in Salzwasser bissfest kochen.
1 Zucchini	
1 rote Paprika	und
1 Aubergine	putzen und in Streifen schneiden.
2 rote Zwiebeln	pellen, in Ringe schneiden und in einer Pfanne mit
Olivenöl	andünsten. Die Gemüsestreifen und die Kürbiswürfel dazugeben. Alles kurz anbraten und mit
Salz, Pfeffer, italienischen Kräutern	würzen.
	Das Omelett mit dem Gemüse füllen und mit
frischem Basilikum	krönen.

Omelett gefüllt mit deftigen Bratkartoffeln

ZUTATEN	ZUBEREITUNG
1 kg fest kochende Kartoffeln	waschen und in Salzwasser gar kochen. Am besten schon am Vortag, sie sind dann schön durchgekühlt. Die Kartoffeln pellen und in Scheiben schneiden.
1 mittelgroße Zwiebel	pellen, klein schneiden und
100 g durchwachsener Schinkenspeck	würfeln. In einer Pfanne
Rapsöl	erhitzen und die Kartoffeln gut anbraten. Die Zwiebeln und den Speck dazugeben.
50 g Butter	zu den Kartoffeln geben und knusprig ausbraten. Mit
Salz, Pfeffer	und
etwas süße Paprika	kräftig würzen. Damit das Omelett füllen und mit
frische kleingehackte Petersilie	krönen.

Kartoffeltaler mit Kräuterquark

ZUTATEN	ZUBEREITUNG
500 g festkochende Kartoffeln	waschen und garkochen. Etwas abkühlen lassen, dann werden sie gepellt und durch eine »Flotte Lotte« gedrückt.
2 Eier	und
2 EL Mehl	zu der Masse geben. Mit
Salz, Pfeffer	und
Majoran	würzen. Dann alles gut verrühren und zu Talern formen.
Sonnenblumenöl	in einer Pfanne erhitzen und die Kartoffeltaler goldgelb ausbacken. Auf Küchenpapier abtropfen lassen.

Für den Kräuterquark

250 g Magerquark	mit
100 ml Sahne oder Milch	glattrühren.
2 Frühlingszwiebeln	und
Schnittlauch	putzen, waschen und in kleine Röllchen schneiden.
Frischer Dill	und
Petersilie	klein hacken. Alles unter den Quark heben. Mit
Salz, Pfeffer, Paprika	und etwas
Knoblauch	abschmecken.
	Kartoffeltaler auf dem Teller platzieren und dazu den Kräuterquark anrichten.

Einen kleinen Salat aus Radieschenscheiben,
feinen Möhrenstreifen und grünen Gurkenstreifen,
abgeschmeckt mit Olivenöl,
Salz, Pfeffer und Paprika dazu servieren.

Palais Bülow:
Adelige Lebensart und Papiermaché-Kunst

Am Ludwigsluster Kanal, der die Wasserspiele des Schlossparks versorgt, liegt das 1830 erbaute Palais Bülow. Neben dem Schloss und der Stadtkirche ist es der dritte Prachtbau der Barockstadt, den der Herzog mit Raumschmuck aus Ludwigsluster Papiermaché ausstatten ließ. Die heutigen Eigentümer des Hauses restaurieren dieses bedeutende Erbe liebevoll und führen Gäste durch ihr privates Reich. Originale Funde ermöglichen eine einmalige Reise in die adelige Lebensart des 19. Jahrhunderts. Was speiste und trank man bei den abendlichen Diners? Woher kamen die Köstlichkeiten und der üppige Blumenschmuck?

Was hat es mit dem Papiermaché auf sich? Kann man das einmal in die Hand nehmen? Wie haben die Handwerker das vor 200 Jahren gemacht? In der hauseigenen Papiermachémanufaktur gibt es Erstaunliches zur Kulturgeschichte dieses Werkstoffs zu erfahren. Bei Workshops legen die Besucher selbst Hand an. Dabei entsteht auch gleich das schönste Souvenir, das man sich denken kann.

Führungen nach Vereinbarung:
Palais Bülow
Kanalstraße 28, Ludwigslust
www.palais-buelow.de
E-Mail: palais-buelow@gmx.de
Telefon: 03874/570 8959

Zu frischem Baguette …

Grünkohlpesto

ZUTATEN	ZUBEREITUNG
200 g Grünkohlblätter	waschen und vom Strunk befreien.
5 EL Olivenöl	
1 Knoblauchzehe	
30 g Cashewkerne	und
Salz, Pfeffer	mit einem Pürierstab in einem hohen Gefäß zerkleinern.

Petersilienpesto

ZUTATEN	ZUBEREITUNG
½ Bund krause Petersilie	und
½ Bund glatte Petersilie	waschen, trocken tupfen, die Blätter abzupfen und in ein hohes Gefäß geben.
50 g mittelalter Schafskäse	fein reiben, mit
30 g Pinienkerne	und
100 ml Olivenöl	zu den Kräutern geben. Mit einem Stabmixer alles gut pürieren.

Tomatenpesto

ZUTATEN	ZUBEREITUNG
200 g getrocknete Tomaten eingelegt in Öl	in ein hohes Gefäß geben, dazu
1 Knoblauchzehe	
3 EL Olivenöl	und
mehrere frische Basilikumblätter	zu den Tomaten geben. Mit einem Stabmixer alles gut pürieren. Mit
Salz und Pfeffer	würzen.

Erdbeerkonfitüre mit Grünem Pfeffer

ZUTATEN

1 kg reife Erdbeeren

500 g Gelierzucker 2:1

2 EL Grüner Pfeffer

ZUBEREITUNG

waschen und säubern. Mit

in einem Topf geben und langsam erhitzen.

dazugeben und mehrere Minuten mit köcheln lassen. Dann eine Gelierprobe machen und in kleine Gläser abfüllen.

Pilzmus

ZUTATEN

300 g Champignons

etwas Olivenöl

Salz, Pfeffer und Knoblauch

50 g getrocknete Steinpilze

100 g weiche Butter

ZUBEREITUNG

waschen und säubern. Mit

in einer Pfanne anbraten, bis das Wasser verdunstet ist. Mit

nach Geschmack würzen.

mahlen und zu den Champignons geben. Mit

mixen.

Feines Würzfleisch vom Huhn

ZUTATEN	ZUBEREITUNG
1 Huhn	mit
1 Zwiebel	
2 Möhren	
½ Sellerieknolle	
1 Stange Porree	
1 Lorbeerblatt	
10 Pfefferkörner	
10 Pimentkörner	und
1 EL Salz	in reichlich Wasser gar kochen. Das Huhn dann aus der Brühe nehmen und erkalten lassen. Die Hühnerbrust auslösen und in kleine Würfel schneiden. Die Hühnerkeulen und Flügel auch auslösen und beiseite stellen. Die Brühe durch ein Sieb gießen.
1 EL Butter	in einem Topf schmelzen,
2 EL Mehl	mit einem Schneebesen gut einrühren und dann mit der Brühe auffüllen.
Saft einer halben Zitrone	und
50 ml Sahne	mit unterrühren und aufkochen. In die cremige Sauce die Fleischwürfel unterheben und in vier feuerfeste kleine Schälchen einfüllen. Mit
4 Scheiben Käse (z. B. Gouda)	die Schälchen belegen und im Backofen bei Oberhitze goldgelb überbacken. Das fertig überbackene Würzfleisch mit
4 Zitronenspalten	und
4 Scheiben Weißbrot	getoastet servieren. Zum Würzen
Worcestersauce	reichen.

Die Hühnerkeulen entbeinen, zusammen mit den Flügeln in Butter anbraten.
Dazu frisches Gemüse in holländischer Soße und Petersilienkartoffeln reichen.

Barockfest auf Schloss Ludwigslust

Das vom Förderverein Schloss Ludwigslust e. V. 1995 ins Leben gerufene »Barockfest auf Schloss Ludwiglust« hat sich im Laufe der Jahre von einem lokalen Volksfest zu einem überregionalen Kulturfest entwickelt und ist zu einer Art Pflichttermin für die deutsche Barockszene geworden, die in kostbaren Gewändern nach Ludwigslust anreist, um hier unter ihresgleichen das Flair der Residenz ehemaliger Mecklenburger Herzöge zu genießen. Alles natürlich auch zur Lust und Freude der nicht-gewandeten Volksmenge. Und die ist immerhin von Jahr zu Jahr auf über 2.500 Erwachsene plus Kinder angewachsen. Das Barockfest ist längst zu einem festen Teil des Ludwigsluster Kultur- und Wirtschaftslebens geworden.

Der Förderverein Schloss Ludwigslust e. V. und das Schlossmuseum veranstalten seit 1995 jährlich am Internationalen Museumstag im Mai das »Barockfest auf Schloss Ludwigslust«, das die Tradition der spätbarocken Mecklenburger Residenz über die museale Bewahrung hinaus mit Leben und Lebensfreude weiterführen soll und inzwischen selbst schon Tradition geworden ist.

Barock-Freunde aus ganz Deutschland in kostbaren Gewändern bilden die lebendige Kulisse für einen prall gefüllten Familien-Feiertag. Neben einem gastronomischen Angebot gibt es vielfältige Unterhaltung, musikalische Intermezzi, kulturgeschichtliche Führungen und Aktionen für Jung und Alt, dramatische Fechtkämpfe, barocke Tanzspiele, verwirrende Zaubereien und amourösen Hofklatsch.

Wildgerichte ...

Barocke Tafelfreuden

Eine ganz bedeutende Rolle spielte vor allem Fleisch an der Tafel des Adels. Eine ungeheure Vielfalt an Wildbret aus den eigenen Wäldern und Fisch aus Flüssen und Seen der Besitzungen – war doch das Jagd- und Fischrecht ein Privileg der Herrschenden. Nicht nur Hirsch, Reh, Gans, Steinbock, Wildschwein und Hase wurden serviert, sondern auch Bären, Dachse und vor allem das »vornehme Wildgeflügel« krönten die Tafel. Schwäne und Pfauen bildeten den optischen Höhepunkt eines sogenannten »Schauessens«: Die zubereiteten Tiere wurden zum Teil wieder mit imposantem Federkleid geschmückt.

Carpaccio vom Hirschkalb

ZUTATEN	ZUBEREITUNG
200 g Hirschkalbrücken	parieren, in Frischhaltefolie einwickeln und über Nacht einfrieren.
Ein Bund Ruccola	putzen, waschen und mit Küchenpapier trocken tupfen.
	Das Stück Hirschkalbrücken mit einer Küchenmaschine in hauchdünne Scheiben schneiden. Eventuell noch zwischen Klarsichtfolie legen und mit dem Küchenholz vorsichtig darüber rollen. Dann auf vier Teller anrichten und darauf den Ruccola verteilen.
1 Packung Kirschtomaten	säubern, halbieren und auch auf den Tellern verteilen. Würzen nach Geschmack mit
Olivenöl, Salz	und
Pfeffer	aus der Pfeffermühle.
Parmesankäse	mit einer groben Reibe frisch über das Carpaccio hobeln.

Dazu frisches Baguette servieren und Balsamico reichen.

Hirschrückensteaks mit Pfifferlingen

ZUTATEN	ZUBEREITUNG
500 g Pfifferlinge (eventuell auch gefrorene)	putzen und kurz waschen,
1 mittelgroße Zwiebel	pellen und klein schneiden,
100 g Schinkenspeck	würfeln.
2 EL Butter	in einer Pfanne erhitzen, Pfifferlinge, Zwiebeln und Schinkenspeck darin anbraten. Mit
Salz und Pfeffer	würzen. Mit
100 ml Sahne	verfeinern und warmstellen.
4 Hirschrückensteaks	trocken tupfen und in Olivenöl vorsichtig anbraten, nach dem Garen würzen. Die Steaks auf Tellern anrichten, die Pfifferlinge darüber verteilen und mit frisch gehackter
Petersilie	bestreuen.

Dazu schmeckt frisches Schwarzbrot oder Kartoffelspalten.

Lammbraten mit Backpflaumen und Aprikosen

ZUTATEN

400 g Backpflaumen
400 g getrocknete Aprikosen
1 kg Lammfleisch
50 g Butterschmalz
Salz und Pfeffer
3 Knoblauchzehen
2 Thymianzweige

Zitronen

100 g karamellisierten
Mandelblättchen

ZUBEREITUNG

und

mit lauwarmen Wasser bedecken, ca. 1 Stunde weichen lassen.

von Sehnen und Fett befreien. In

das Fleisch kräftig anbraten. Mit

würzen. Dazu kommen noch

klein gehackt und

Die eingeweichten Backpflaumen und die Aprikosen auf ein Sieb geben. Mit der aufgefangen Flüssigkeit das Fleisch ablöschen. Mit dem Saft einer halben

das Fleisch beträufeln. Die Backpflaumen und Aprikosen auf das Lamm geben und zugedeckt ca. zwei Stunden schmoren lassen, bei mäßiger Hitze.

Vor dem Servieren mit

bestreuen.

Dazu schmeckt
Reis ganz wunderbar.

Wildragout, eine schnelle Variante

ZUTATEN

500 g Wildbraten

1 große Zwiebel
100 g Butter
500 g braune Champignons
Salz, Pfeffer und Majoran
1 EL Mehl
200 ml Fleischbrühe
100 ml Sahne

ZUBEREITUNG

z. B. vom Vortag übriggebliebene Rest. Der Braten wird in Streifen geschnitten und beiseite gestellt.

pellen, in Würfel schneiden und in einem Topf mit

anschwitzen. Dazu kommen

geputzt und in Scheiben geschnitten. Mit

würzen. Mit

bestäuben und mit

ablöschen. Verfeinert wird mit

Alles gut durchkochen lassen. Zum Schluss die Bratenstreifen dazugeben und noch mal kurz aufkochen lassen.

Eventuell ist auch noch Soße vom Braten da. Diese kann zum Verfeiern mitverwendet werden.

Das Ragout zu
Petersiliekartoffeln servieren.

Der einsame Mönch

Das Helenen Paulownen

Der Kaisersaal

Vom Barockgarten zum Landschaftspark

Mit dem Bau des kleinen Jagdschlosses zu Klenow für den späteren Herzog Christian Ludwig entsteht die erste Gartenanlage. 1754 gibt der Herzog seinen Jagdsitz den Namen Ludwigslust. Nach seinem Tod übernimmt sein Sohn Friedrich die Regierungsgeschäfte. Er ernennt Johann Joachim Busch zum Hofbaumeister. Nach seinen Plänen und Herzog Friedrichs Ideen entsteht eine neue Residenz mit monumentaler Hofkirche und einem neuen gewaltigen Schloss. In dieser Zeit entstehen im Garten der Ludwigsluster Kanal und die ersten Wasserspiele, ganz nach dem französischen Vorbild von Versailles. Nach dem Tod Herzog Friedrichs übernimmt sein Neffe Friedrich Franz I. die Regierung. Es beginnt die Erweiterung des Schlossgartens nach englischem Vorbild. Strenge Formen des Barockgartens lösen eine naturnahe gestaltete Landschaft ab. Seine Vollendung beginnt Mitte des 19. Jahrhunderts. Der preußische Landschaftsarchitekt Peter Joseph Lenné versteht es, die alten und neuen Gartenbereiche in ein ca. 130 Hektar großes Areal zu verwandeln. Mit der Vergabe des Europäischen Gartenpreises 2016 erhielt der Ludwigsluster Schlosspark den 2. Platz für die beste Weiterentwicklung eines historischen Parks.

Es gibt im gesamten Ludwigsluster Schlosspark viel zu entdecken. Zu den verschiedenen großen und kleinen Bauwerken und Denkmälern, den weitläufigen Wasserspielen mit seinen Brücken kommen noch über 300 verschiedene Gehölze aus der ganzen Welt dazu.

Die Lügenbrücke

Das Teehäuschen

Das Schweizerhaus

Die Grotte aus Raseneisenstein Die 24 Wassersprünge Die Katholische Kirche

Naturliebhaber und Botaniker können im Landschaftsschutzgebiet die Flora und Fauna studieren. Heimstadt für die Naturforscher West-Mecklenburgs ist nach umfangreicher Sanierung das ehemalige Fontänenhaus am Schloss geworden. Das heutige Natureum ist ein naturwissenschaftliches Museum und die Naturforschende Gesellschaft West-Mecklenburg e. V. hat hier ihren Sitz.

Es lohnt sich, die Zeit zu nehmen und einen ausgiebigen Spaziergang zu machen. Thomas Nugent, ein irischer Gelehrter, Historiker und Reiseschriftsteller, beschrieb zur damaligen Zeit mit blumigen Worten:

»*Wenn zur Vollkommenheit eines Gartens eine große Mannigfaltigkeit vieler wohl gewählter schöner Szenen erfordert wird, so verdient der Ludwigsluster Park das Prädikat der Vollkommenheit in höchstem Grade. Wenn das Auge sich an ländlichen Szenen der ungekünstelten Natur gleichsam satt gesehen hat, so wird es stufenweise zu den bewunderungswürdigen Auftritten der Kunst geleitet.*«

Denkmal Friedrich Franz der III.   Die steinerne Brücke

Gänseweißsauer

ZUTATEN

5 Gänsekeulen
1 Lorbeerblatt
6 Pfefferkörner
6 Pimentkörner
1 große Zwiebel
2 mittelgroße Möhren
1 EL Salz

1 EL Zucker
2 EL Essig
2 EL Gelatine

ZUBEREITUNG

und

in einem großen Topf mit reichlich Wasser abkochen. Dazu kommt noch

gepellt und

geschält und geputzt. Mit

das Ganze gar kochen. (Das Fleisch ist gar, wenn es sich vom Knochen lösen lässt.) Das Fleisch von den Keulen in grobe Stücke schneiden und in einer flachen Form verteilen. Die Möhren ebenfalls in kleine Stücke schneiden und auch in der Form verteilen. Die Brühe durch ein Sieb gießen und entfetten. Einen Liter Flüssigkeit abmessen und in einem Topf aufkochen. Mit

und

schön kräftig süß-sauer abschmecken. Den Topf vom Herd nehmen.

in einem kleinen Topf geben und mit kaltem Wasser einweichen. 10 Minuten ziehen lassen, dann auf dem Herd erwärmen, bis sie sich aufgelöst hat. Die Gelatine wird nun in den noch warmen Brühfond eingerührt.
Das Fleisch und die Möhren damit begießen, es muss alles bedeckt sein.
Über Nacht im Kühlschrank kaltstellen.

Zum Gänseweißsauer
passen deftige Bratkartoffeln.

Geräucherte Gänsebrust auf Feldsalat

ZUTATEN	ZUBEREITUNG
1 geräucherte Gänsebrust	in Frischhaltefolie gut einwickeln und über Nacht einfrieren.
250 g Rosinen	mit
Sanddorngeist	bedecken und über Nacht weichen lassen.
300 g Feldsalat	putzen, waschen und mit Küchenpapier trocken tupfen. In eine Schüssel geben und mit
4 EL	Sanddorn-Dressing (siehe Seite 81) mischen. Auf vier Teller verteilen.
12 Physalis	säubern, halbieren und die Rosinen mit ein wenig Flüssigkeit auf dem Salat verteilen.
80 g Haselnüsse	grob hacken und in einer Pfanne ohne Fett leicht rösten. Die geräucherte Gänsebrust mit einer Küchenmaschine in dünne Scheiben schneiden, auf dem Salat anrichten und mit den Nüssen betreuen.
1 Baguette	in Scheiben schneiden, mit
Kräuterbutter	bestreichen und im Backofen aufbacken. Noch warm zur Gänsebrust servieren.

Die 40 allegorischen Sandsteinfiguren auf der Attika des Ludwigsluster Schlosses

Als die Arbeiten am Außenbau des Ludwigsluster Schlosses 1776, nach nur vier Jahren Bauzeit, zu Ende gingen, beauftragte Herzog Friedrich der Fromme den jungen böhmischen Bildhauer Rudolph Kaplunger mit der Ausstattung der Attika. Attika (aus dem griechischen attikos, attisch) bezeichnet in der Architektur eine wandartige Erhöhung der Außenwand über den Dachrand hinaus zur Verdeckung des Daches. Die Pläne für den literaturwissenschaftlichen Figurenschmuck beschäftigten den Herzog spätestens seit 1769, wie Angebotslisten und Vorzeichnungen von Johannes Eckstein (1736–1817) und Johann Heinrich Suhrlandt (1742–1827) belegen. Die einzelnen Statuen ebenso wie ihre Platzierung sind das Ergebnis langjähriger Denkarbeit.

Rudolph Kaplunger (1746–1795) arbeitete seit 1765 in den Elbsandstein-Werken von Pirna, dann zusammen mit Eckstein in Berlin/Potsdam. Spätestens hier dürfte der Kontakt zum Ludwigsluster Herzog entstanden sein. So kann man heute 40 der Sandsteinfiguren erkunden.

Zum Mittelbau

Südseite: Naturwissenschaften (Schlossplatz, von rechts nach links)
1) Algebra, Gleichungslehre, das Rechnen mit Variablen und Unbekannten
2) Baukunst, klassische Architektur
3) Mechanik
4) Luft, Aerometrie
5) Wasser, Hydrologie
6) Wasserkunst, Hydromechanik
7) Zeitmessung, Gnomonik, nach griech. Gnomon, Messstab der Sonnenuhr
8) Erdkunde, Geographie
9) Himmelskunde, Astronomie/Astrologie
10) Licht, Optik
11) Raum, Stereometrie
12) Arithmetik, das Rechnen mit einfachen Zahlen

Ostseite: Theologisches (von links nach rechts)

13) Geometrie, Lehre vom Dreieck
14) Perspektive
15) Vergänglichkeit, Zeit und Tod
16) Der Wasserspender
17) Der Sämann, Ackerbau
18) Die Gärtnerin, Garten und Weinbau

Nordseite: Künste und Kunstfertigkeiten (von links nach rechts)

19) Kräuterwissen, Heilkunde
20) Alchemie
21) Philosophie
22) Rhetorik, Redekunst
23) Poesie, Dichtkunst
24) Geschichtsschreibung
25) Musik
26) Bildhauerkunst, Plastik
27) Malerei

Westseite: Soziologisches (von rechts nach links)

28) Dioptrik, von der Brechung des Lichts
29) Katoptrik, von der Spiegelung des Lichts
30) Festungsbau
31) Artillerie
32) Justitia, Gerechtigkeit; hier eher Strafjustiz
33) Einsicht, Klugheit
34) Friedensfeier
35) Überfluss
36) Belohnung
37) Arbeit
38) Theater, das »Origialgenie«
39) Landmessung
40) Kanalbaukunst

Nach Gernot Hempelmann

Sanddornvarianten ...

Der Sanddorn heißt Sanddorn,
weil er im Sand wächst und Dornen hat.

Sanddorn-Kürbis-Suppe

ZUTATEN	ZUBEREITUNG
1 Hokkaido-Kürbis	waschen,
1 Gemüsezwiebel	pellen und alles in grobe Stücke schneiden.
Olivenöl	in einem Topf erhitzen. Den Kürbis und die Zwiebel kurz und kräftig anschwitzen. Mit
1 l Sanddornsaft	aufgießen und alles gut gar kochen. Mit
Salz, Pfeffer, Zucker	und
etwas Abrieb von einer Muskatnuss	nach Geschmack würzen.
	Nach dem Garen alles gut pürieren. Mit
200 ml Sahne	verfeiern.
	Vor dem Servieren mit
Chilifäden	und Petersilienpesto (siehe Seite 56) krönen.

Batida Sandora

ZUTATEN	ZUBEREITUNG
2–3 Eiswürfel	in je vier Cocktail Gläser geben, je
2 cl Kokoslikör	
100 ml Orangensaft	und
100 ml Sanddornsaft	dazugeben, mit
Zitronenmelisse	und je
einer Physalis	dekorieren und gleich servieren.

Prickelnder Sanddorn

ZUTATEN	ZUBEREITUNG
1 cl Sanddornlikör	in ein Sektglas geben, mit
100 ml kalter Sekt	auffüllen,
eine Physalis	etwas einschneiden und an das Sektglas stecken.

Schmeckt auch mit alkoholfreiem Sekt.

Sanddornbowle, alkoholfrei

ZUTATEN	ZUBEREITUNG
5 Teebeutel Sanddorn Tee	mit
500 ml Wasser	heiß aufbrühen und abkühlen lassen. In ein Bowlegefäß geben.
3 kleine Dosen Mandarinen	hinzufügen, mit
100 ml Sanddornsaft	und
100 ml Orangensaft	auffüllen. Zwei Stunden ziehen lassen. Vor dem Servieren mit
500 ml Sprudelwasser	aufgießen.
	Die Sanddornbowle mit Eiswürfeln und Zitronenmelisse servieren.

|| Auch mit trockenem Sekt aufgefüllt schmeckt die Sanddornbowle.

Sanddorn – Die Zitrone des Nordens

Wie orangefarbene Perlen leuchten die Früchte des Sanddorns rund um Ludwigslust. Um zu gedeihen und seine vitaminreichen Beeren reifen zu lassen, braucht er Sonne und Licht, ohne die Konkurrenz anderer Bäume und Gehölze.

Optisch wirkt der Sanddornstrauch mit seinen langen, spitzen Dornen zunächst abweisend und auch der Genuss der rohen Beeren oder des puren Saftes ist unerquicklich und »dornig« im übertragenen Sinn: Sie sind so sauer, dass von Genuss nicht wirklich die Rede sein kann.

Der Sanddorn kann mit gutem Recht als ein natürliches Multivitaminpräparat bezeichnet werden. Er ist ein hervorragendes Naturprodukt mit vielen Vorzügen und wird aufgrund seiner Inhaltsstoffe als ernährungsphysiologisch besonders wertvoll eingestuft. Mit seinen zahlreichen Vitaminen und Mineralstoffen wirkt er positiv auf den ganzen Körper. Nur wenige Pflanzen haben einen so hohen Vitamin-C-Gehalt. Sanddornprodukte in jeglicher Form liegen heute im Trend. Neben Säften und Brotaufstrichen gibt es Spezialitäten wie Sanddornnudeln und Sanddornsenf. Auch Kosmetikprodukte mit Sanddorn haben Tradition in Mecklenburg: Sanddorncreme, Sanddornseife, Sanddornbäder und Sanddornshampoo.

Aus »Sanddorn – die Kraft der Sonne« Renate Niemann

Im Ludwigsluster Schloss-Café verwenden wir den Sanddorn als Saft und für hausgemachtes Gelee. Unsere Sanddorn-Sahne-Torte ist die beliebteste Torte im Café. Den Sanddorn servieren wir an kalten Tagen auch als »Heißen Sanddorn« und zum Anstoßen als »Prickelnden Sanddorn«.

»Eyerkuchen«
gefüllt mit Sanddorn-Aprikosen

Für die Pfannkuchen:

ZUTATEN	ZUBEREITUNG
4 Eier	mit dem Mixer aufschlagen, dann
110 g Mehl	
150 ml Milch	
1 EL Zucker	und
1 Prise Salz	dazugeben und alles noch mal gut mixen. Das Ganze beiseite stellen und ruhen lassen.

Für die Füllung:

ZUTATEN	ZUBEREITUNG
1 Dose Aprikosen	auf ein Sieb geben.
50 g Butter	und
100 g Brauner Zucker	in einer Pfanne vorsichtig karamellisieren lassen und dann die Aprikosen hinzufügen. Kurz schwenken und vom Herd nehmen.
500 ml Sanddornsaft	zum Kochen bringen. Mit
etwas Vanille aus der Vanilleschote	würzen und
1 Prise Zimt	und
20 g Speisestärke	in etwas kaltem Wasser anrühren, den Saft damit binden. Nach dem Aufkochen die Aprikosen dazugeben, aber nicht mehr kochen.

Die Zubereitung:

Einen Pfannkuchen mit etwas Öl in einer Pfanne beidseitig backen. In der Pfanne eine Hälfte des Pfannkuchens mit den Sanddorn-Aprikosen füllen. Die andere Hälfte vom Pfannkuchen überschlagen und auf einen Teller gleiten lassen. Abgestreut mit Puderzucker und dekorierter Zitronenmelisse servieren.

Sanddorndressing

ZUBEREITUNG

und

miteinander verrühren. Dazu kommen noch

und

Sanddorndressing krönt frische Salate
zu etwas ganz Besonderem!

Sanddorn-Kekse

ZUTATEN

125 g weiche Butter
75 g Zucker
1 Ei
2 EL Sanddornkonfitüre
250 g Mehl
1 TL Backpulver

ZUBEREITUNG

mit

und

schaumig rühren.

und

zu einem Mürbeteig verkneten und eine Stunde kaltstellen. Danach den Teig
zu einer Rolle formen und ca. 5 mm breite Scheiben abschneiden.
Auf ein mit Backpapier ausgelegtes Backblech legen,
bei 170 °C Grad ca. 10 Minuten backen.

Nach dem Auskühlen mit Sanddorngelee dünn bestreichen und mit
Vanillezucker bestreuen, dann gut trocknen lassen.

Sanddorn-Eis-Mix

ZUTATEN	ZUBEREITUNG
4 Kugeln Vanilleeis	in 4 Cocktailgläser verteilen, mit je
200 ml Sanddornsaft	auffüllen, mit
200 ml Schlagsahne	aufgeschlagen verzieren und mit
weißen Schokoladenraspeln	bestreuen und servieren.

Sanddorn-Götterspeise

ZUTATEN	ZUBEREITUNG
2 Pck. Zitronengötterspeise	nach Anleitung, aber ohne Wasser, sondern mit
1 l Sanddornsaft	anrühren. In kleine Gefäße füllen und erkalten lassen. Vor dem Servieren
200 g Schlagsahne	aufschlagen, dekorieren und mit Vanillesoße servieren.

Sanddorn-Bananen-Joghurt

ZUTATEN	ZUBEREITUNG
2 Bananen	und den Saft von
2 Orangen	und
100 ml Sanddornsaft	mit
500 g Griechischer Joghurt	pürieren und auf vier Gläser verteilen. Vor dem Servieren mit Müsli bestreuen.

Sanddorn-Sahnetorte

ZUTATEN	ZUBEREITUNG
½ Biskuitboden	teilen und um den unteren Boden einen Tortenring legen. Den oberen Boden beiseite legen.
2 EL Gelatine	mit Wasser in einem Topf einweichen.
300 ml Sanddornsaft	mit
1 EL Zucker	und
1 EL Vanillezucker	verrühren.
500 ml Schlagsahne	steif schlagen.
	Die Gelatine auf dem Herd auflösen und in den Sanddornsaft einrühren. Die geschlagene Sahne dazugeben und gut unterheben. Einen Teil der Masse auf den unteren Boden geben. Den zweiten Boden darauflegen und den Rest der Sanddornsahne verteilen und verstreichen. Alles zwei Stunden kalt stellen. Nach dem Erkalten den Tortenring lösen.
200 ml Sahne	aufschlagen, in einen Spritzbeutel füllen und die Torte verzieren. Mit
12 Physalis	und
12 Minzeblätter	dekorieren.

Quitten aus Nachbarsgarten

Wie gut, dass es liebe Nachbarn gibt. So stößt man auf alte Obstsorten und ver-
liebt sich in diese. Mit einem Korb voll quicke-gelber Quitten kam der Nachbar und
fragte, ob ich sie gebrauchen könne. Oh … was macht man damit? Ich hatte weder
Ahnung, wie man sie verarbeitet, noch wie man sie zubereitet. Aber auch damit
wurde geholfen, ein altes Rezept wurde gleich mitgeliefert. So machte ich mich an
die Arbeit und zauberte »Quittengelee«:

Als Erstes müssen die Quitten im Wasser sauber gebürstet werden. Dann werden
sie in kleine Stücke geschnitten, wobei das Kerngehäuse nicht entfernt wird. Nur
oben das Blütchen und der Stiel werden abgeschnitten. Alle Stücke werden dann
in einen großen Topf gegeben und mit Wasser aufgefüllt, bis sie bedeckt sind.
Nun kochen lassen ohne zu rühren, bis sie weich sind. Das Ganze über Nacht
ziehen lassen, das gibt die schöne rubinrote Farbe. Am anderen Tag noch mal alles aufkochen und in ein großes Sieb geben und ablaufen lassen. Den Saft dann
noch mal durch ein Haarsieb geben, dadurch wird er schön klar. Auf einen Liter
Saft ein Kilo Zucker geben und 20 bis 30 Minuten kochen lassen. Auf einen kleinen Teller dann eine Gelierprobe machen. Wenn es fest genug ist, in sauberen
Gläser füllen, fest zudrehen und auskühlen lassen.

Quitten sind nicht nur sehr gesund, sondern auch als Gelee sehr lecker. Ich verwen-
de es in unseren Torten und Desserts. Oder es wird zum »Herzoglichen Frühstück«
gereicht.

Süsse Köstlichkeiten ...

In der Zeit des Barock wurden süße Köstlichkeiten von der Hofconditorei gefertigt und geliefert. Ob »Petit Fours«, das klassische Feingebäck, oder der beliebte Tafelschmuck aus Zuckerwerk. Die Kunst der Zuckerbäcker genoss zu dieser Zeit hohes Ansehen. Sie waren wahre Zauberer und ließen keine Wünsche offen. Aus feinsten Zutaten wie Butter oder Marzipan, dazu gefärbter Zucker und Tragant, einem pflanzlichen Klebemittel, entstanden wahre Kunstwerke.

Mohn-Taler

ZUTATEN

250 g weiche Butter
400 g Mehl
1 Ei
100 g gemahlener Mohn
100 g gemahlene Mandeln
200 g Zucker
½ TL Backpulver
3 EL Sanddorngelee

ZUBEREITUNG

und

miteinander verkneten und eine Stunde abgedeckt kalt stellen.

Aus dem Teig kleine Kugeln formen dann flach drücken und
auf das mit Backpapier ausgelegte Backblech legen.
Bei 160 °C Grad etwa 10 Minuten backen.

Cookies mit Cranberrys

ZUTATEN

250 g Butter
2 Eier
150 g Zucker
300 g Mehl
1 TL Backpulver

100 g Cranberrys

ZUBEREITUNG

und

gut verkneten.

Zum Schluss

unterkneten, aus dem Teig 12 Kugeln formen, auf ein mit Backpapier
ausgelegtem Blech verteilen und flach drücken. Bei 180 °C Grad im Backofen
ca. 10 Minuten backen und dann gut auskühlen lassen.

Vanillekipferl

ZUTATEN

210 g weiche Butter
280 g Mehl
140 g Zucker
100 g gemahlene Mandeln
1 EL Vanillezucker
½ TL Backpulver
1 Ei

ZUBEREITUNG

und

miteinander verkneten und zugedeckt für eine Stunde kaltstellen.

Ein Backblech mit Backpapier auslegen, kleine Halbmonde formen und auf dem Blech verteilen. Bei 160 °C Grad etwa 10 Minuten backen. Nach dem Auskühlen mit einem Gemisch aus Puderzucker und Vanillezucker bestreuen.

Ludwigsluster Schlossweihnacht

Zum 3. Advent bittet die »Ludwigsluster Schlossweihnacht« zu einem kleinen, feinen, stimmungsvollen, betont nicht-kommerziellen Weihnachtsmarkt am Schloss. An weihnachtlich geschmückten Buden kann man viel Selbstgebasteltes erwerben. Es duftet nach Glühwein, Ludwigsluster Glühbier, Bratwurst und allerlei weihnachtlichem Gebäck.

Ein Puppentheater und die kleine Eisenbahn begeistern die Kinderherzen. Umrahmt wird der Samstag von einem weihnachtlichen Lichterkonzert in der Stadtkirche von Ludwigslust. Anschließend werden die Konzertbesucher in Begleitung von Fackelträgern zum Schloss geleitet. Hier erwartet die Besucher ein Schloss im Lichterglanz.

Der Höhepunkt am Sonntag ist die reich bestückte Tombola, hier kann jeder sein Glück versuchen. Auch ein Weihnachtsengel kommt am Nachmittag mit kleinen Überraschungen für die Kinder. Aufwärmen kann man sich bei weihnachtlicher Gitarrenmusik im festlich geschmückten Jagdsaal. Die »Ludwigsluster Schlossweihnacht« endet jedes Jahr mit einem gemeinsamen Weihnachtsliedersingen. Dann werden die Lichter gelöscht und die Vorfreude auf das Weihnachtsfest kann beginnen. Organisiert wird dieses Fest vom Förderverein Schloss Ludwigslust e. V.

Der Verein hat es sich zur Aufgabe gemacht, die Kunst und Kultur zu fördern und die Erschließung, Pflege sowie Erhaltung von Schloss und Park zu unterstützen.

Nussecken

ZUTATEN	ZUBEREITUNG
100 g Zucker	
125 g Butter	
300 g Mehl	
1 Pck. Vanillezucker	
2 Eier	und
1 TL Backpulver	zu einem Mürbeteig verkneten, Teig ausrollen und auf einem Backblech verteilen, eine Stunde kaltstellen.
2–3 EL Aprikosenmarmelade	auf den Teig streichen.

Für die Füllung

200 g Butter	in einer Pfanne schmelzen.
200 g Zucker	
2 Pck. Vanillezucker	
200 g gehackte Mandeln	und
200 g Haselnüsse	dazu geben und mit
4 EL Sahne	gut verrühren. Dann die gesamte Masse auf den Teig verteilen, bei 150 °C Grad im Backofen braun backen.
	Nach dem Auskühlen in Ecken schneiden.
100 g dunkle Schokolade	schmelzen und die Nussecken damit verzieren, zum Beispiel an den Ecken.

Sommer-Nussecken

ZUTATEN	ZUBEREITUNG
Mürbeteig	siehe Nussecken

Für die Füllung

100 g Butter	in einer Pfanne schmelzen.
200 g Zucker	
2 Pck. Vanillezucker	
100 g Kokosflocken	
100 g Mandelblätter	
100 g Erdnussbutter	und
100 g gehackte Erdnüsse	dazugeben und mit
4 EL Sahne	gut verrühren. Dann die gesamte Masse auf dem Teig verteilen, bei 150 °C Grad im Backofen hell backen.
	Nach dem Auskühlen in Ecken schneiden.
100 g weiße Schokolade	schmelzen und die Nussecken damit verzieren, zum Beispiel an den Ecken.

Alles aus Schokolade ...

Purer Luxus zur Zeit des Barocks waren exotische Getränke
wie Tee, Kaffee und die Schokolade.

»Chokolat«

ZUTATEN

2 EL Kakao
Mark einer Vanilleschote
1 Msp. Zimt
1 Msp. gemahlene Nelken
1 Msp. Muskatblüte
2 EL Zucker
250 ml Wasser oder Milch

ZUBEREITUNG

und

zusammen in

gut verrühren und vorsichtig aufkochen.
In einer hohen Tasse anrichten.

Schokoladensoße

ZUTATEN

250 g Zucker
250 g Wasser
250 ml Schlagsahne
150 g Kakao

ZUBEREITUNG

mit

zu einer sirupartigen Konsistenz einkochen. Dazu

geben und

Alles gut mit einem Schneebesen verrühren und einmal kurz aufkochen.
Die Schokoladensoße kann für Kuchen und zu Eisvariationen verwendet
werden.

Schokoladen-Ganache

ZUTATEN	ZUBEREITUNG
150 g Schlagsahne	in einem Topf erhitzen. Dann die
200 g Zartbitterschokolade	zerteilen und in die Sahne geben. Vom Herd nehmen und rühren bis eine homogene Masse entsteht. Jetzt die
50 g Butter	dazu geben und weiterrühren.
	Mit der Schokoladen - Ganache kann man Pralinenhohlkörper füllen oder Pralinen verzieren.

Schokoladen-Speise

ZUTATEN	ZUBEREITUNG
1 Pck. Schokoladenpudding	nach Anweisung in einem Topf kochen.
100 g Zartbitterschokolade	zerteilen und in den noch warmen Pudding einrühren, bis sie komplett geschmolzen ist.
100 ml Schlagsahne	mit unter die Masse rühren.
	Den Topf mit Frischhaltefolie gut abdecken und dann zwei Stunden kalt stellen.
	Die gekühlte Masse in eine Schale geben und mit einem Schneebesen aufrühren.
200 ml Schlagsahne	aufschlagen und vorsichtig unter die Schokoladenmasse heben.
	Die Schokoladenspeise in Gläser anrichten und mit Früchten dekorieren. Bis zum Servieren bitte kaltstellen.

Kuchen und Torten ...

Immer wieder Sonntags

Der Duft nach frisch gebrühtem Kaffee und frisch gebackenem
Kuchen. Wer liebt es nicht? Zu jeder Jahreszeit gibt es die passenden
Zutaten an Früchten, Nüssen und Gewürzen. Verzaubert und verziert
mit Cremes oder Sahne. Es entstehen immer wieder Meisterwerke des
Geschmacks. Oh … lass es jeden Tag Sonntag sein.

Apfel-Hefekuchen mit Streusel

ZUTATEN	ZUBEREITUNG
300 ml Milch	erwärmen
1 Hefewürfel	in einer Schale zerbröseln, dann
1 Prise Salz	
125 g weiche Butter	
1 Ei	und
100 g Zucker	hinzufügen, alles mit der warmen Milch verrühren und nach und nach mit ca.
500 g Mehl	vermengen und zu einem Teig verkneten. Der Teig darf nicht an den Händen kleben. Dann die Schale zudecken und an einem warmen und nicht zugigen Ort ca. 20 Minuten gehen lassen. In der Zwischenzeit
3 bis 4 große	schälen und in Scheiben schneiden oder die Äpfel in Stücke schneiden. Aus
300 g Mehl	
200 g Zucker	und
150 g Butter	mit den Händen Streusel bröseln und an die Seite stellen.
	Den fertigen Teig auf ein Backblech ausrollen und darauf die Äpfel verteilen. Zum Schluss die vorbereiteten Streusel über die Äpfel geben. Bei 150 °C Grad Umluft im Backofen ca. 20 bis 30 Minuten den Kuchen backen, bis er knusprig braun ist.

Nach dem Backen mit Zuckerguss oder
Puderzucker nach Geschmack verzieren.

Baiserkuchen mit Stachelbeeren

ZUTATEN	ZUBEREITUNG
125 g Butter	
1 Ei	
30 g Zucker	und
250 g Mehl	zu einem Mürbeteig verkneten. Den Teig in eine Springform geben, auf dem Boden verteilen und flach andrücken sowie einen kleinen Rand hoch ziehen. Dann mindestens 30 Minuten kaltstellen.
	In der Zwischenzeit
1 Glas Stachelbeeren	auf ein Sieb geben, dabei den Saft auffangen und in einem Topf erhitzen.
2 Pck. Vanillepuddingpulver	mit etwas Wasser anrühren und zusammen mit dem Saft aufkochen lassen, dann die Stachelbeeren unterheben und gleich in eine Springform geben.
	Als nächstes
3 Eiweiß	steifschlagen,
100 g Zucker	und
1 Prise Salz	einrieseln lassen.
	Den Eischnee auf den Stachelbeeren verteilen und kleine Spitzen hochziehen.
	Bei 150 °C Grad im Backofen ca. 30 Minuten backen.

Der Baiserkuchen schmeckt je nach Jahreszeit auch mit Rhabarber, Kirschen oder Birnen.

Apfel-Dinkel-Kuchen

ZUTATEN	ZUBEREITUNG
250 g Butter	und
250 g Zucker	schaumig rühren.
4 Eier	nach und nach unterrühren.
150 g Haferflocken	
250 g Dinkelmehl	und
1 TL Backpulver	zu einem Rührteig verarbeiten.
3 große Äpfel	schälen und klein schneiden. Diese werden zum Schluss untergehoben.
	Der Kuchen wird bei 160 °C Grad ca. 40 Minuten gebacken.

Nach dem Backen mit Zuckerguss verzieren
und mit gerösteten Mandelblättern bestreuen.

Bananenkuchen, vegan

ZUTATEN	ZUBEREITUNG
250 g Margarine oder	
200 ml Pflanzenöl	mit
200 g Zucker	und
3 - 4 überreife Bananen	schaumig rühren.
200 g Haferflocken	und
250 g Dinkelmehl	nach und nach unterrühren. Mit
1 TL Backpulver	zu einem Rührteig verarbeiten.
	Der Kuchen wird bei 160 °C Grad ca. 40 Minuten gebacken.

Nach dem Backen mit Schokoladenglasur bestreichen
und mit Erdnussbutter verzieren.

Mohnkuchen, glutenfrei

ZUTATEN	ZUBEREITUNG
250 g Butter	und
250 g Zucker	schaumig rühren.
6 Eier	trennen, das Eiweiß steif schlagen und beiseite stellen. Das Eigelb zur Butter geben und weiter rühren.
200 g Haselnussmehl	
200 g gemahlener Mohn	
4 cl Rum	
etwas Zimt	und
1 Pck. Vanillezucker	nacheinander zu einem Rührteig verarbeiten, zum Schluss das Eiweiß unterheben und bei 160 °C ca. 50 Minuten backen.

Nach dem Backen den Kuchen sofort
mit Sanddorngelee bestreichen und
nach dem Auskühlen mit Zuckerguss verzieren.

Quark-Mohnkuchen

ZUTATEN	ZUBEREITUNG
200 g Butter	und
300 g Zucker	schaumig rühren.
6 Eier	trennen, das Eiweiß steif schlagen, das Eigelb zum Butter-Zuckergemisch geben und weiter unterrühren.
250 g Dinkelmehl	
200 g gemahlener Mohn	
2cl Rum	
etwas Zitronenabrieb	
100 ml Schlagsahne	
1 TL Backpulver	und
500 g Magerquark	nacheinander zu einem Rührteig verarbeiten, zum Schluss das Eiweiß unterheben, bei 140 °C Grad ca. 50 Minuten backen.

Nach dem Backen mit Zuckerguss verzieren.

Nusskuchen

ZUTATEN	ZUBEREITUNG
250 g Butter	und
250 g Zucker	schaumig rühren.
4 Eier	nach und nach dazugeben.
200 g Haselnussmehl	
100 g gehackte Walnüsse	
200 g Mehl	und
1 Pck. Backpulver	zu einem Rührteig verarbeiten.
	Bei 160 °C Grad ca. 50 Minuten backen.

Nach dem Auskühlen den Kuchen
am Rand mit Sanddorngelee bestreichen und
mit Haselnusskrokant bestreuen.

Omas Quarkkuchen

ZUTATEN

4 Eier
400 g Zucker
200 g Butter
1 kg Quark
1 Pck. Vanillepuddingpulver
1 TL Backpulver
100 g Weizengrieß
1 EL Zitronensaft
1 Pck. Vanillezucker

ZUBEREITUNG

und
mit
schaumig rühren.

und
mit unterrühren.
Den Kuchen bei 140 °C Grad ca. 60 Minuten backen.

Scherenschnittportrait »Sylvia Mohn«

Umrissartige, aus Papier geschnittene Darstellungen von Personen oder Gegenständen waren im 19. Jahrhundert sehr beliebt. Diese Schattenrisse widerspiegelten die Wohn- und Kleidungskultur dieser Zeit. Und sie waren beliebte Accessoires und schmückten so manchen Wohnraum. Seinen Ursprung hat diese alte Handwerkstechnik in Nordchina.

Anlässlich der Wiedereröffnung des Ostflügels im Schloss Ludwigslust war der Scherenschnittkünstler Reinhold Stier aus Hamburg anwesend. Er pflegt als Porträtist dieses traditionelle Handwerk. So portraitierte er in seiner dynamischen Art an diesem Tag viele Persönlichkeiten und Gäste. Mit seiner »Zauberschere« fertigte er mit einer Leichtigkeit die Scherenschnittbilder an. Eine schöne Erinnerung für diesen besonderen Tag.

Informationen über diesen Scherenschnittkünstler erhalten sie unter:

www.scherenkuenstler.de.

Schloss Ludwigslust
Wiedereröffnung des Ostflügels
2016

Gewürzkuchen

ZUTATEN

250 g weiche Butter
200 g Zucker
4 Eier
100 g gemahlene Haselnusse
100 g geraspelte Mandeln
250 g Mehl
1 Pck. Zitronat
1 Pck. Orangeat
½ TL Anispulver
½ TL Kurkuma
½ TL Muskatblüte
1 EL Vanillezucker
1 TL Backpulver
etwas Zimt
2 EL Rum
2 EL Kakaopulver

ZUBEREITUNG

mit
schaumig rühren.
nach und nach unterrühren.

und
zu einem Rührteig verarbeiten.
Den Teig auf ein auf ein Backblech mit Rand verteilen.
Der Kuchen wird bei 160 °C Grad ca. 40 Minuten gebacken.

Nach dem Backen
mit Zuckerguss verzieren.

Stracciatella-Kirsch-Torte

Der Boden

ZUTATEN	ZUBEREITUNG
1 hohen dunklen Biskuit-Boden	beim Bäcker kaufen und in vier Böden durchschneiden oder selbst backen.
6 Eier	trennen, das Eiweiß steif aufschlagen und das Eigelb in eine Schüssel geben.
150 g Zucker	
1 Prise Salz	
1 EL Kakao	und
6 EL Wasser	dazugeben und zu einer cremigen Masse rühren. Dann den Eischnee unterheben.
280 g Mehl	und
2 TL Backpulver	über die Masse sieben, vorsichtig und zügig unter die Masse heben. Die Masse in eine nicht gefettete Springform geben. Im vorgeheizten Backofen bei 170 °C Umluft ca. 30 Minuten backen. Nach dem Auskühlen in vier Böden durchschneiden.

Für die Stracciatella-Kirsch-Torte werden nur zwei Biskuit-Böden benötigt. Die anderen zwei Böden kann man bedenkenlos einfrieren oder auch für eine zweite Torte verwenden. Um den unteren Boden wird jetzt ein Tortenring gelegt.

Die Kirschen

ZUTATEN	ZUBEREITUNG
1 Glas Sauerkirschen	in einem Topf aufkochen.
2 EL Speisestärke	mit etwas Wasser anrühren und in die kochenden Kirschen einrühren. Die Kirschen abkühlen lassen und auf den Boden mit dem Tortenring geben. Den zweiten Biskuit-Boden darauf legen und für eine Stunde kaltstellen.

Die Schlagsahne

ZUTATEN	ZUBEREITUNG
500 ml Schlagsahne	gut gekühlt mit
1 EL Puderzucker	und
2 TL Sahnesteif	steif schlagen. Dazu kommt
1 TL Vanillezucker	und
1 EL dunkle Schokoraspeln	Diese vorsichtig unterheben und auf den Tortenboden verstreichen. Zum Schluss noch mit Schokoraspeln bestreuen.

Mandelbuttercreme-Torte

Der Boden

ZUTATEN	ZUBEREITUNG
1 hohen hellen Biskuit-Boden	beim Bäcker kaufen und in vier Böden durchschneiden oder selbst backen.
6 Eier	trennen, das Eiweiß steif aufschlagen und das Eigelb in eine Schüssel geben.
150 g Zucker	
1 Prise Salz	und
4 EL Wasser	dazugeben und zu einer cremigen Masse rühren. Dann den Eischnee unterheben.
280 g Mehl	und
2 TL Backpulver	über die Masse sieben, vorsichtig und zügig unter die Masse heben. Die Masse in eine nicht gefettete Springform geben. Im vorgeheiztem Backofen bei 170°C Grad Umluft ca. 30 Minuten backen. Nach dem Auskühlen in vier Böden durchschneiden.

Die Buttercreme

ZUTATEN	ZUBEREITUNG
600 ml Milch	mit
150 g Zucker	zum Kochen bringen.
200 ml Milch	mit
2 Pck. Vanillepuddingpulver	verrühren und in die kochende Milch einrühren. Den Pudding dann mit Klarsichtfolie gut abdecken und erkalten lassen.
350 g zimmerwarme Butter	in einer Küchenmaschine schaumig aufschlagen und löffelweise den Pudding zugeben. Solange rühren, bis eine schöne Creme entsteht.
	Wichtig: Pudding und Butter müssen die gleiche Temperatur haben!

Die Mandeln

ZUTATEN	ZUBEREITUNG
500 g Mandelblätter	mit
50 g Butter	und
50 g Zucker	in einer Pfanne leicht bräunen und abkühlen lassen.

Kirschgelee

ZUTATEN	ZUBEREITUNG
750 ml Kirschsaft	mit
500 g Gelierzucker	im Verhältnis 2:1 in einem Topf geben und vorsichtig aufkochen bis sich der Zucker gelöst hat.
	Dann eine Gelierprobe machen, alles in Gläser abfüllen und erkalten lassen.

Die Fertigstellung

Der unterste Boden wird mit Buttercreme bestrichen. Jetzt den zweiten Boden darauf legen. Dieser wird mit Kirschgelee bestrichen und der dritte Boden wird aufgelegt. Auf diesem wird wieder Buttercreme verteilt. Nun folgt der vierte Boden. Dieser und auch der Rand wird großzügig mit der Creme bestrichen. Mit den Mandeln wird erst der Rand und zum Schluss oben die Torte verziert. Die Buttercremetorte muss nun für einige Stunden in den Kühlschrank zum durchkühlen. Die Torte bitte in einem Behälter stellen, denn die Buttercreme neigt dazu verschiedene Gerüche aus dem Kühlschrank an zunehmen.

Marzipantorte

Für die Marzipantorte den Biskuitboden waagerecht in vier Böden schneiden. Den ersten Boden mit zirka einem Viertel der geschlagenen Sahne bestreichen. Den zweiten Boden darauflegen und mit Kirschgelee bestreichen. Jetzt den dritten Boden darauf platzieren. Auf diesem wird wieder ein Viertel der geschlagenen Sahne verteilt, dann der vierte Boden aufgelegt.

Die gesamte Torte wird nun mit der Hälfte der restlichen Sahne komplett bestrichen. Jetzt wird die Torte mit der Marzipandecke eingeschlagen. Die übrig gebliebene Sahne in einen Spritzbeutel mit Spritztülle füllen und die Torte garnieren. Zum Schluss mit der geschmolzenen Schokolade verzieren. Die Torte für mindestens fünf Stunden kalt stellen.

Heidelbeeren-Joghurt-Torte

ZUTATEN	ZUBEREITUNG
750 g Tiefkühl-Heidelbeeren	mit
200 ml Wasser	und
500 g Gelierzucker	aufkochen, bis sich der Zucker gelöst hat. Abkühlen lassen und über Nacht kalt stellen.
1 flacher Biskuit-Boden	einmal teilen und um den unteren Boden einen Tortenring legen.
2 El gekörnte Gelatine	in etwas Wasser einweichen.
500 ml Schlagsahne	steif schlagen.
250 ml Griechischer Joghurt	mit ca. 200 ml von den gekühlten Heidelbeeren verrühren und vorsichtig die erwärmte Gelatine einrühren. Eventuell noch etwas nachsüßen. Jetzt die geschlagene Sahne unterheben. Eine Hälfte auf den Tortenboden verteilen und dann den zweiten Boden auflegen. Darauf wird der Rest der Masse verteilt und glatt gestrichen. Die Torte mindesten zwei Stunden kaltstellen. Vor dem Servieren nach Belieben mit Schlagsahne und Früchten verzieren.

Die restlichen vorbereiteten Früchte halten im Kühlschrank
und schmecken auch köstlich über Vanilleeis.

Himbeertorte mit Cremefüllung

ZUTATEN

1 flacher Biskuit-Boden	einmal durchteilen, zwei Teile werden benötigt
Buttercreme	siehe Rezept Mandel-Buttercreme-Torte, davon aber nur die Hälfte zubereiten
2 Pck. roter Tortenguss	und
250 g frische Himbeeren je nach Jahreszeit oder tiefgekühlte	nach Anleitung kochen

Die Fertigstellung

Der untere Boden wird mit einer Hälfte der Buttercreme bestrichen und der zweite Boden wird darauf platziert. Um beide Böden kommt jetzt ein Tortenring. Die frischen Himbeeren darauf verteilen. Den Tortenguss nach Anleitung kochen und auf die Himbeeren geben.

Die Torte eine halbe Stunde kalt stellen. Die restliche Buttercreme in einem Spritzbeutel mit Spritztülle füllen und die Torte nach dem kühlen dekorieren.

Nuss-Creme-Torte

ZUTATEN

1 hohen dunklen Biskuit-Boden	siehe Stracciatella-Kirsch-Torte
3 Stücke vom Nusskuchen	siehe Nusskuchen
eine Hälfte von der Buttercreme	siehe Buttercremetorte
1 Tafel Schokolade	geschmolzen

Die Fertigstellung

Den Biskuitboden waagerecht in vier Böden schneiden. Für die Nuss-Creme-Torte werden nur zwei Böden benötigt. Die anderen zwei kann man bedenkenlos einfrieren oder sie werden für eine zweite Torte verwendet.

Der untere Boden wird mit einem Drittel der Buttercreme bestrichen und der zweite Boden wird darauf platziert. Dieser Boden wird mit dem zweiten Drittel der Creme bestrichen. Nun wird ein Tortenring um beide Böden gelegt.

Die drei Stücke Nusskuchen werden in einer Schale klein gekrümelt und dazu kommt der letzte Teil der Buttercreme. Dies wird gut vermengt und auf den Tortenboden locker verteilt und etwas angedrückt. Das Ganze wird für mindestens eine Stunde kaltgestellt. Danach wird die Torte mit Schokoladenglasur verziert.

Zeittafel
Schloss – Schlossgarten – Stadt Ludwigslust

1399	erste urkundliche Erwähnung des Gutes Klenow
1731- 35	Bau des Jagdhauses zu Klenow durch J. F. Künnecke für den Prinzen Christian Ludwig, erste Gartenanlage entsteht
1748	Jean Legeay wird als Architekt berufen und wirkt bis 1755 als mecklenburgischer Hofbaumeister unter anderen in Klenow
1754	Herzog Christian II. Ludwig gibt seinem Jagdsitz den Namen Ludwigs Lust
1756	mit dem Tod Herzog Christians II. Ludwig übernimmt dessen Sohn Friedrich die Regierung
1758	J. J. Busch wird zum Hofbaumeister ernannt, bis zum Ende des siebenjährigen Krieges stellt er den Ludwigsluster Kanal und erste Wasserspiele fertig
1763	Herzog Friedrichs Idee von einer neuen Residenz, Beginn der Bautätigkeit in Ludwigslust nach Plänen von Busch
1765- 70	Bau der Hofkirche, als monumentales Bauwerk mit imposanter Eingangsfassade, betont durch ein Säulenportikus
1772- 76	Bau des neuen Schlosses, als Ziegelbau im Kern und verkleidet mit 10–12 Zentimeter starken Sandsteinplatten
1777	Abriss des Jagdschlösschens
1785	Herzog Friedrich stirbt, sein Neffe Friedrich Franz I. übernimmt die Regierung, Beginn der Erweiterung des Schlossgartens nach englischem Vorbild
1793	Herzog Friedrich Franz I. verleiht Ludwigslust die Marktfleckengerechtigkeit
1809	Hofbaumeister Barca setzt den Ausbau von Ludwigslust unter Berücksichtigung der Pläne Buschs fort
1815	Mecklenburg wird Großherzogtum

1837	nach dem Tod Friedrich Franz I. verlegt Großherzog Paul Friedrich die Residenz zurück nach Schwerin
1852	Beginn der Umgestaltung des Schlossparks nach Plänen von P. J. Lenné
1876	Verleihung des Stadtrechts an Ludwigslust
1879	Teile der Ludwigsluster Sammlungen werden zurück nach Schwerin gebracht und finden seit
1882	im Museum am Alten Garten ein neues Domizil
1918	Abdankung des Großherzogs Friedrich Franz IV., Schloss Ludwigslust bleibt infolge des vermögensrechtlichen Auseinandersetzungsvertrages Wohnsitz
1921	Räume des Westflügels sind als Museum der Öffentlichkeit zugänglich
1945	Einzug der Alliierten
1947	das im Zuge der Bodenreform enteignete Landgut Schloss Ludwigslust wird vom Kreis übernommen, das Schloss wird Verwaltungssitz
1986	Übernahme von Schloss und Park durch das Staatliche Museum Schwerin, erste umfangreiche Maßnahmen zur Bauwerkserhaltung und teilweise museale Nutzung
1991	Auszug der Verwaltung
1992	Beginn des schrittweise Aufbau des Museums für höfische Kunst und Wohnkultur des 18. und frühen 19. Jahrhunderts
2009	Außenstandort der Bundesgartenschau in Schwerin
2012	Beginn umfangreicher Sanierungsarbeiten in der mit 127 Hektar größten barocken Schlossparkanlage Norddeutschlands
2016	Wiedereröffnung des Ostflügels nach Restaurierungsarbeiten im Barockschloss
2016	Vergabe des Europäischen Gartenpreises, Ludwigslust erhält den zweiten Platz und wird für die Weiterentwicklung eines historischen Gartens ausgezeichnet
2019	Beginn der Restaurierung des Westflügels

Ein Dankeschön ...

Zum Schluss kommt immer das Beste. Ich möchte all denen Danke sagen, die mich unterstützt haben, ein zweites Buch zu schreiben:

Dem Limosa Verlag, der das ermöglicht hat. Dem Fotografen Ralf Padun für die bezaubernden Bilder, die das Buch so reizvoll machen. Auch Peter Krohn, dem Museumsleiter vom Schloss Ludwigslust möchte ich für seine Anregungen danken. Ein ganz besonderer Dank geht an meine Tochter Beatrice Kruse für ihre Unterstützung im täglichen Geschäft im »Ludwigsluster Schlosscafé« und für die Verwirklichung dieses Buches.

Ralf Padun

Literaturnachweise:

»Vom Fontänenhaus zum Natureum« Naturforschene Gesellschaft
West-Wecklenburg e.V.
»Schloss Ludwigslust« Staatliches Museum Schwerin
»Sanddorn - die Kraft der Sonne« Renate Niemann ISBN 3-928327-87-9

Weitere Informationen erhalten Sie unter:

Schloss Ludwigslust
Museum
Schlossfreiheit
19288 Ludwigslust
info@schloss-ludwigslust.de

Förderverein Schloss Ludwigslust e.V.
Postfach 1214
19282 Ludwigslust
www.schloss-ludwigslust-foerderverein.de

Naturforschende Gesellschaft
West-Mecklenburg e.V.
Postfach 1249
19282 Ludwigslust
natureum-ludwigslust@naturforschung.de
www.naturforschung.info

Ludwigslust Stadtinformation - Kultur
Schlossstraße 36
19288 Ludwigslust
tourismus@ludwigslust.de

Landwirschaftlicherbetrieb Hoop GbR
Niendorfer Hof
Bliesenhorst 5
OT Niendorf
19288 Ludwigslust
www.niendorfer-hof.de

Goldschmidt Frischkäse GmbH
Karl-Marx-Straße 4
OT Kummer
19288 Ludwigslust
info@frischkaese.de
www.frischkaese.de

PG Storchennest Ludwigslust e.G.
Friedrich – Naumann – Allee 26
19288 Ludwigslust
info@pg-storchennest.de
www.pg-storchennest.de

Spindler Wildbearbeitung
Bahnhofsstraße 123A
19230 Hagenow
spindlerwild@aol.com
www.wo-wild-noch-wild-ist.de

Palais Bülow
Kanalstraße 28
19288 Ludwigslust
palais-buelow@gmx.de
www.palais-buelow.de

Ludwigsluster
Fleisch- und Wurstspezialitäten
aus Mecklenburg
Bauernallee 9
19288 Ludwigslust